锚索框架梁加固边坡的
动力模型试验与抗震设计方法

马洪生　胡卸文　付　晓　著

科 学 出 版 社

北　京

内 容 简 介

本书依托交通运输部建设科技项目"四川藏区高海拔高烈度条件下公路建设减灾关键技术研究"(2013318800020)、"汶川地震公路震害评估、机理分析及设防标准评价"(200831800098)、四川省交通运输厅科技项目"板裂千枚岩岩体结构特征及边坡灾害控制技术研究"(2015A1-3)等研究成果,介绍了锚索框架梁加固公路路基边坡的静力和动力模型试验研究成果,提出了锚索框架梁的抗震设计方法。本书共6章,主要内容包括:汶川地震公路路基边坡及锚固工程的震害调查;锚索框架梁加固边坡的离心机试验研究;锚固体动态拉拔试验研究;锚索框架梁加固边坡振动台模型试验研究;锚索框架梁加固边坡的抗震计算设计等。

本书可供公路、铁路工程抗震减灾专业技术人员学习使用,也可为相关研究者提供研究借鉴。

图书在版编目(CIP)数据

锚索框架梁加固边坡的动力模型试验与抗震设计方法 / 马洪生,胡卸文,付晓著. —北京:科学出版社,2020.4
ISBN 978-7-03-064684-2

Ⅰ.①锚… Ⅱ.①马… ②胡… ③付… Ⅲ.①公路路基-锚固-框架梁-边坡加固-动力学模型-模型试验 ②公路路基-锚固-框架梁-边坡加固-防震设计 Ⅳ.①U418.5

中国版本图书馆 CIP 数据核字 (2020) 第 041666 号

责任编辑:张 展 于 楠 / 责任校对:彭 映
责任印制:罗 科 / 封面设计:墨创文化

科学出版社 出版
北京东黄城根北街16号
邮政编码:100717
http://www.sciencep.com

成都锦瑞印刷有限责任公司 印刷
科学出版社发行 各地新华书店经销
*
2020 年 4 月第 一 版 开本:B5 (720×1000)
2020 年 4 月第一次印刷 印张:9 3/4
字数:200 000
定价:128.00 元
(如有印装质量问题,我社负责调换)

前　　言

　　边坡锚固工程是通过埋设在地层中的锚索（锚杆），将结构物与地层紧紧地联锁在一起，依赖锚杆与周围地层的抗剪强度承受结构物传递的拉力或使地层自身得到加固，以保持结构物和岩土体的长期稳定。作为一种经济、有效的方法，岩土锚固技术已广泛应用于边坡加固和治理等工程。笔者通过对 2008 年"5·12"汶川地震公路边坡及锚固工程的震害调查发现，采用锚索框架梁加固的边坡具有较好的抗震性能，但是对于此种结构，目前国内外在静力设计方面已开展了大量的研究，而对动力荷载下的抗震机理的研究较少，这也使得这一工程结构类型在抗震方面的运用上受到了很大限制。鉴于此，本书在交通运输部和四川省交通运输厅相关科研项目的资助下，基于汶川地震路基边坡震害调查结果，设计并完成了土工离心机模型试验、岩锚体系动态拉拔试验和大型振动台模型试验，结合数值模拟等研究手段，完善了锚索框架梁加固边坡的抗震设计方法。

　　本书主要介绍了锚索框架梁加固公路路基边坡的静力和动力模型试验研究，提出了锚索框架梁的抗震设计方法。本书共 6 章，主要内容包括：对"5·12"汶川地震灾区公路路基及边坡震害进行了详细调查，主要包含公路震害、公路边坡震害和公路边坡锚固工程震害 3 个部分；分析了边坡震害与震中距、岩土类型、坡高、坡角、断裂带夹角等因素的关系，以及锚固工程震害特点及防护类型不同时的破坏程度差异性等；在离心机模型试验结果与现有框架梁设计计算理论对比的基础上，建议框架梁在静力条件下设计计算时优先采用 Winkler 初参数法；基于简化的地震荷载作用，研究了岩锚体系在单调荷载、简化重复荷载作用下的黏结特性与受力分布，提出了简化地震荷载作用下锚固体系破坏的 4 个阶段，给出了岩锚体系的位移控制原则；通过振动台模型试验得到目前设计中采用的锚索受力均摊原则在低烈度区适用，对于高烈度区的锚固体系设计应考虑边坡地震效应，对边坡上下采用分区设计的原则；考虑水平和竖向地震的共同作用，改进了拟静力法计算锚固边坡稳定系数的公式，并与振动台模型试验、工程实例计算结果进行了比较验证；将锚索加固边坡看成多质点体系，结合集中质量法，推导了锚索自由段在水平向地震作用下的轴力响应，完成了相应的抗震设计方法等。

本书由马洪生、胡卸文、付晓执笔完成，项目研究和本书编著过程中得到了项目组参研成员的通力合作和无私帮助，在此一并表示诚挚感谢。

由于著者水平有限，书中不足之处在所难免，恳请广大读者批评指正。

著 者

2019 年 12 月

目　　录

第1章 绪 论

1.1 研究意义

2008 年汶川 8.0 级地震灾区出现大量滑坡及路基与边坡支护结构破坏的现象，严重影响了灾后应急抢险与重建工作的展开，这也使得高烈度地震区公路建设中支挡结构的抗震设计方法成为亟待解决的难点。

随着我国经济社会的快速发展，为加强祖国内地和少数民族地区的联系，在川藏地区的高山峡谷地形中修建高速公路已成必然，目前在建的有汶川至马尔康段、雅安至康定段高速公路。预应力锚索框架梁作为一种较新型的支护结构，具有快速施工、受地形条件影响较小等优点，在恶劣地形条件下的适应性较好，既可以单独使用，又可以联合其他支挡结构形式组成复合结构共同发挥作用。从结构组成上来说，预应力锚索框架梁包含纵、横向框架地梁和预应力锚索体这两部分，对锚索施加的预应力通过框架梁传递到边坡岩土体中，来增加潜在破裂面内滑体的抗滑力，以抵抗边坡的卸荷松弛，从而保持边坡体的稳定性。与重力式挡墙、抗滑桩等传统型支挡结构相比，预应力锚索框架梁是一种主动防护结构，并且具有与岩土体贴合紧密、变形协调等特点。通过实地调查可知，在汶川地震中预应力锚索框架在抵抗地震产生的破坏时总体表现较好，采用该结构加固的边坡体及路基没有出现严重的、大规模的失稳破坏现象，但是锚头出现脱落、预应力损失、框架梁脱空等问题较为普遍(具体见第 2 章震害调查部分)。检索目前国内外学者已做的研究可知，动态荷载作用下预应力锚索框架梁的变形特性及损伤机理研究较少，地震荷载时的结构及边坡体响应特征分析更加匮乏，为此有必要对该结构的抗震性能分析开展进一步研究。

地震波的随机振动过程中框架地梁与边坡岩土体的相互作用是一个复杂的荷载传递和变形协调过程，目前对边坡体内部应力分布特征受地震波传播过程中的影响规律尚不清楚，框架梁梁身受力特性以及锚索间距、预应力、锚固段长度、土体抗力等的变化对加固效果的影响还不十分清楚。因此，在考虑地震作用下的预应力锚索框架梁加固边坡体的稳定性分析时，多着重采用拟静力的设计方法。这也使得这一得到广泛应用且经济合理的工程结构在高烈度地震区的推广应用受到了较大制约。

　　为揭示预应力锚索框架梁的抗震机理，使其工程设计达到经济节约的目标，本书在汶川地震灾区路基和边坡支挡结构震害调查分析的基础上，借助锚固体动态拉拔试验研究岩锚体系在单调荷载、简化重复荷载作用下的力学和黏结特性，依托加固边坡体大型振动台模型试验、室内土工离心机模型试验和三维数值计算分析等研究手段，再现框架梁-岩土体系的破坏失稳机制，这不仅对正确进行预应力锚索框架结构的抗震设计、完善结构-岩土动力相互作用理论及指导岩土工程实践具有重要意义，还能帮助人们深化预应力锚索框架结构及其加固边坡体的抗震特点和规律性认识，完善预应力锚索框架结构加固边坡体的工程抗震设计技术规范，攻克预应力锚索框架结构的抗震技术难题，最大程度地提高公路、铁路工程预应力锚索框架结构的抗震技术水平服务。

1.2　国内外研究现状分析

1.2.1　静力计算研究

　　随着我国经济建设的繁荣发展、国力的显著提升，改变我国西部地区落后的铁路和公路基础设施建设迫在眉睫。由于我国西部多山、地震活动频繁的自然地理及构造特征，在公路建设过程中不可避免地会碰到大量边坡工程问题，预应力锚索框架梁及其组合支护结构形式已经成为解决这些问题的利器。锚束体是由一根根钢绞线组成的，其抗拉能力较强但不能抵抗弯矩作用，在工程建设中必须对其施加预应力，借助锚索框架梁的作用将锚固力传递到岩土体中，从而达到提高边坡稳定性、降低变形的目的。在锚索框架梁加固边坡体的工程设计时，主要分为灌浆体锚固力确定、钢绞线数量确定、框架梁空间布置和截面尺寸确定等方面，现有学者也主要从这些方面对锚索框架梁进行研究。

　　Lutz、Hansor、Goto 等[1-3]分别研究了锚杆(索)与灌浆体界面之间的荷载传递机制，指出杆体和灌浆体间黏结强度与锚杆表面性状密切相关，对于光圆锚杆，灌浆体-锚束间的结合力主要取决于两者产生相对滑动之前的黏结力和出现滑动后产生的摩擦力；对于表面粗糙杆体，两者之间的结合力主要取决于材料界面之间的机械咬合作用。Phillips[4]基于钢筋混凝土构件的静力加载试验，通过测试接触界面间的应变，借助锚固系统荷载传递理论，提出了沿锚固方向指向坡体内部的筋材与灌浆体界面间剪应力(也称为剪力)分布规律呈指数衰减模式。Martin 等[5]结合室内锚杆拉拔试验 P-S 数据对比验证，基于锚固系统界面三线型黏滑模型假定，提出一种求解锚固系统锚杆拉拔受力力学行为的新方法。基于 Mindlin 问题位移解理论，尤春安[6]推导得出全长黏结型锚杆与灌浆体接触界面的剪应力分布的弹性解,并分析了该类型锚杆的力学分布特性,比较了各影响因素的权重。对于工程中常见的拉力型锚索,蒋忠信[7]研究了砂浆体强度、灌浆体孔径、周围岩土体强度三因素对体系锚固段抗拔力的影响,提出了灌浆体与岩土体间界面接触剪应力分布形式为高斯分布曲线。李铀等[8]分析了锚索结构形式对其锚固力传递规律的影响,根据刚体极限平衡理论确定了锚固段分离破坏模式下的稳定性判识标准,提出了受渐进破坏影响的荷载传递机理。肖世国等[9]认为沿锚固段长度方向分布的剪应力在靠近自由段的锚固端头附近最大,向锚固段两端头部位逐渐减小,并提出以考虑安全系数折算后的灌浆体和岩土体间的黏结强度作为锚固段长度的确定方法。Wu 和 Yang 等[10-12]基于界面二线型和三线型剪滑模型系统研究了锚杆—砂浆—混凝土锚固系统的锚杆拉拔理论分析方法,通过界面系统间的剪应力分布特性提出了锚固体系破坏时沿锚杆-砂浆界面、灌浆体-岩土体截面的失稳机制。邓宗伟等[13]结合岩体力学损伤特性和剪切位移法原理,给出了锚固段非线性分布的剪应力计算公式和预应力加固范围内岩体任意点的应力数值解。

关于锚索的空间布置及其数量,通常的做法是根据变形体产生的下滑力和锚索能提供的锚固力相平衡的原则确定,然后是锚索框架结构的设计计算。综合现阶段已有的研究成果来看,关于滑坡推力的确定方法较多,如极限平衡法中的 Bishop 法、不平衡推力法、Janbu 法和 Sarma 法等[14-21],各国学者通过大量的试验数据对比分析,根据边坡岩土体的类型和滑裂面结构形式分别给出了各自的适用范围。而在预应力作用下框架梁内力的分布规律及梁身截面尺寸设计时,为了便于计算,工程师往往认为结构-岩土体之间的地基反力为均匀分布,忽略框架梁节点之间的相互作用,按照倒梁法计算梁身各截面的弯矩和剪应力。龙驭球[22]按照地基反力集度分布呈直线型的形式给出了梁身弯矩和剪力的求解方法,刘凤翰等[23]结合结构力学特性,依据弯矩分配法逐步计算得到框架地梁内力分布规律。王金才等[24]将肋柱视为一个均布荷载作用下的连续梁来计算各支座处的弯矩等内力。与客观实际相比较,上述计算结果的可靠性仅在框架梁自身刚度较大或地基反力系数较大的情况下较高,而工程实际中碰到的边坡岩土体性质千差万别,同时也不可能将框架梁刚度无限增大,因此采用 Winkler 弹性地基梁法求解框架结构的受力变形特性运用而生。

忽略框架地梁中竖梁和横梁的扭转效应,将其拆分为单个竖梁和纵梁的形式,考虑框架梁节点处的静力平衡和位移协调,杨明等[25]将弹性地基梁看成有限长梁,计算得到梁身内力的分布曲线,并与现场实测数据进行比较分析,得出弹性地基梁法比倒梁法计算的结果更符合实际工况;肖世国、周德培等[26,27]考虑边坡岩土体的力学特点,将锚索对边坡体的作用过程按张拉过程中和张拉完成后划分为两个阶段,忽略框架梁与边坡体之间刚度的差异性影响,计算各时段的内力变形规律。许英姿等[28]假定框架地梁的横梁刚度远远小于纵梁的抗弯刚度,即认为荷载只在纵梁内传递,按有限长梁法进行计算。刘小丽等[29]受有限元思想的启发将框架地梁离散化为处于弹性状态下岩土体上的杆系网格单元，考虑结构-岩土体之间的相互作用，按照最小势能计算方法解得梁身各截面处的弯矩、剪力分布规律。吴荣燕、田亚护等[30,31]在框架地梁内力求解方程的建立过程中，将梁身位移作为未知量按有限差分的方法计算求得梁体挠度曲线，采用位移法求解各截面内力。赵明华等[32]考虑结构-岩土体间摩擦力，构建相应的幂级数依次求得梁身各点的弯矩、挠度、剪力和转角。值得注意的是，框架梁下岩土体变形具有连续性的特点，应力传递在岩土体中也具有扩散性，而 Winkler 弹性地基梁计算模型并没有考虑两者，在与框架梁地基的真实受力情况相比可能会引起较大误差。周志刚[33]考虑到了框架梁下地基土体变形的连续性及剪应力在土体中传递时的扩散性，利用初参数法中的 Pasternak 双参数弹性地基模型求解得到梁体的受力变形规律。与现场工点的实测数据相比，其计算结果明显优于 Winkler 弹性地基梁法。程传国[34]将框架梁与岩土体接触面上的摩擦力简化为施加在框架梁身截面中性轴上的均匀荷载，结合弹性力学理论将框架梁地基模型看成半无限弹性体，求解出梁身内力。崔奕等[35]拟合现场实测的力-位移关系曲线，将其斜率看成是地基土压力的基床系数，利用初参数法求解非均匀分布基床系数的地基梁内力变形解。董霞[36]比较分析了现场工点实测数据与按双参数模型计算的弹性地基梁内力分布值的差异性，最终认为采用双参数模型进行的理论计算与实际情况更吻合。综合分析可知，目前在框架梁内力计算过程中将地基模型分为两类：①框架梁与边坡岩土体之间的接触反力直线分布，框架梁刚度 EI 无穷大；②框架梁与边坡岩土体之间符合 Winkler 弹性地基假设，将框架梁拆分为多个纵梁和横梁，按节点处受力平衡和变形协调进行计算。

1. Winkler 地基模型

Winkler 地基模型把地基假设为一系列互不影响的弹簧，地基上任一点变形仅与该点所受的应力有关：

$$p(x, y) = kw(x, y) \tag{1-1}$$

式中，p 为地基上任一点的应力(kPa)；w 为该处对应的沉降变形(m)；k 为地基基床系数(kN/m^3)。

Winkler 地基模型既没有考虑地基中相邻土体间的作用，又没有考虑到土体表面受到的荷载在经过土体向内部深度处传递时存在应力扩散，这种对于土体特性的忽略，使其计算结果与实际情况不符。但在工程实践中由于其计算简单，并且已积累了丰富经验[37,38]，只要地基基床系数取值合适其计算结果可信度也较高。

2. 弹性半空间地基模型

弹性半空间地基模型将地基土体看作是均匀、各向同性的半无限体，如图 1-1 所示。本构关系遵循广义胡克定律，假设地基表面一点作用有集中力 p，则表面

某一点的竖向位移 w 可按弹性力学方程求得.

$$w(x,y) = \frac{1-\mu^2}{\pi E}\frac{p}{r} \qquad (1-2)$$

式中，E 为变形模量；μ 为泊松比；r 为位移沉降点与集中力作用点间距离。

当地基表面作用有分布荷载时，地表沉降可按下式求得：

$$w(x,y) = \frac{1-\mu^2}{\pi E}\iint\limits_{D}\frac{q\mathrm{d}\xi\mathrm{d}\eta}{\sqrt{(x-\xi)^2+(y-\eta)^2}} \qquad (1-3)$$

式中，q 为分布荷载集度；ξ、η 均为荷载分布区域内任意点的坐标值。

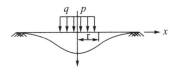

图 1-1　半空间弹性地基模型示意图

3. 双参数地基模型

双参数地基模型[39]，顾明思义，就是用两个相互独立的参变量来表示地基变形特性的模型。在 Winkler 地基模型假设的前提下，考虑将相邻土体的弹簧间增加约束力来达到真实反映地基连续变形的特性，典型代表有费氏模型、巴氏模型和符拉索夫弹性连续介质模型。

1）费氏模型

费氏模型考虑相邻弹簧之间存在水平向薄膜张力（图 1-2），根据力学平衡方程即可求得地基的竖向变形：

$$p(x,y) = kw(x,y) - TV^2 w(x,y) \qquad (1-4)$$

式中，$V^2 = \dfrac{\partial^2}{\partial x^2}+\dfrac{\partial^2}{\partial y^2}$ 为拉普拉斯微分算子；k、T 均为地基模型的弹性常数。

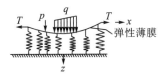

图 1-2　费氏模型示意图

2）巴氏模型

巴氏模型是用一层各向同性的剪切层来模拟弹簧间存在的剪力，如图 1-3 所示。剪切层仅能发生剪切变形而不具有压缩性，根据 Winkler 地基模型求得荷载-

位移间的关系：

$$q(x,y) = kw(x,y) - G_\rho \nabla^2 w(x,y) \tag{1-5}$$

3) 符拉索夫模型

符拉索夫模型(图 1-4)认为地基变形符合经典的线弹性连续变形假设，同时对弹性层加以适当的约束限制，利用变分法求得荷载-位移关系表达式。

约束条件为

$$u(x,y) = 0 \quad w(x,y) = w(x)h(y) \tag{1-6}$$

其中：

$$h(y) = 1 - \frac{y}{H} \tag{1-7}$$

$$\text{或} \quad h(y) = \frac{\text{sh}\left[\gamma(H-y)/L\right]}{\text{sh}(\gamma H/L)} \tag{1-8}$$

式中，$w(x)$ 为地基表面位移；$h(y)$ 为竖向位移变化函数，可分别按指数型变化和线性两种情况考虑；γ 为与地基有关的系数；L 为结构的特征尺寸。

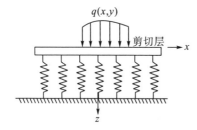

图 1-3　巴氏模型示意图

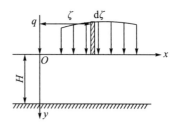

图 1-4　符拉索夫模型示意图

根据弹性力学中的变分法可得到外荷载-位移表达式为

$$q(x) = kw(x) - 2t\frac{\text{d}^2 w(x)}{\text{d}x^2} \tag{1-9}$$

$$k = \frac{E_0}{1-\mu_0^2}\int_0^H \left(\frac{\text{d}h}{\text{d}y}\right)^2 \text{d}y, \quad 2t = \frac{E_0}{2\times(1+\mu_0)}\int_0^H h^2 \text{d}y \tag{1-10}$$

$$E_0 = \frac{E_s}{1-\mu_s^2}, \quad \mu_0 = \frac{\mu_s}{1-\mu_s} \tag{1-11}$$

式中，t 为荷载传递率；其中 G_p 为剪切模量；T 为薄膜张力；E_s 和 μ_s 均为地基土层弹性力学常数。

4. 框架梁内力计算方法

1) 刚性梁法与柔性倒梁法

刚性梁法(图 1-5)假设框架梁抗弯刚度无穷大，地基抗力呈直线分布，将预应力按一定比例分配到纵梁和横梁上，根据力学平衡方程求解梁底地基抗力集度 q_1、q_2，然后即可求得沿梁长方向分布的截面内力变形方程。其具体计算公式为

$$q_1 = \frac{\sum p_i}{A} - \frac{\sum p_i e_i}{w}, \quad q_2 = \frac{\sum p_i}{A} + \frac{\sum p_i e_i}{w} \tag{1-12}$$

式中，A 为梁底面积；e 为偏心距；w 为梁底面积的截面模量。

柔性倒梁法与刚性梁法的不同之处在于：地基反力集度求得后认为锚索作用点与框架梁的连接形式为铰接，进而根据材料力学计算公式求得梁身内力分布。总体来说，在框架梁的抗弯刚度大、锚索等间距布置、预应力相等的情况下，柔性倒梁法的计算结果最接近实际工程受力的特性。

2）Winkler 地基梁法

Winkler 地基模型（图 1-6）解决了刚性梁法求解地基反力时仅能按直线分布考虑的不足，基于 Winkler 地基梁荷载-位移关系曲线假定和变形协调条件，根据微元体竖直方向受力平衡，有

$$EI \frac{\mathrm{d}^4 w}{\mathrm{d}x^4} = -bkw + q(x) \tag{1-13}$$

式中，E、I 分别为梁的弹性模型（$\mathrm{kN/m^3}$）和惯性模量（$\mathrm{kN/m^4}$）；b 为梁的宽度（m）。假设 $q(x) = 0$，则式（1-13）简化为

$$EI \frac{\mathrm{d}^4 w}{\mathrm{d}x^4} = -bkw \tag{1-14}$$

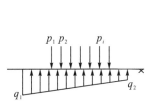

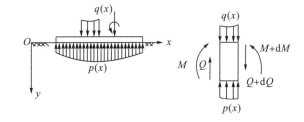

图 1-5　刚性梁法计算模型　　　　图 1-6　Winkler 地基梁法计算简图

微分方程的通解为

$$w(x) = \mathrm{e}^{-\lambda x}(A\cos\lambda x + B\sin\lambda x) + \mathrm{e}^{\lambda x}(C\cos\lambda x + D\sin\lambda x) \tag{1-15}$$

式中，$\lambda = \sqrt[4]{\dfrac{kb}{4EI}}$，即地基柔度特征值（$\mathrm{m^{-1}}$）。

其中，A、B、C、D 为待定常数，由边界条件确定，地基梁任一截面的转角、弯矩和剪力如式（1-16）所示。

$$\theta(x) = \frac{\partial w(x)}{\partial x} \quad M(x) = -EI\frac{\partial^2 w(x)}{\partial x^2} \quad Q(x) = -EI\frac{\partial^3 w(x)}{\partial x^3} \tag{1-16}$$

(1)基于 Winkler 地基模型的无限长梁法。

无限长梁法将荷载作用点设置为坐标原点，并认为距离荷载作用点无穷远处 $x \to \infty$，梁的挠度 $w = 0$；荷载作用点处梁身的转角为 0，即 $\left.\dfrac{\mathrm{d}w}{\mathrm{d}x}\right|_{x=0} = 0$；作用在 $x = 0$ 右侧的剪力 $Q = -\dfrac{F}{2}$，如图 1-7 所示。根据式(1-15)即可求得 $x \geqslant 0$ 时梁的内力变形值，对于 $x < 0$ 段，根据对称性假设即可求得。

$$\begin{cases} \theta(x) = \dfrac{-F\lambda^2}{kb}\mathrm{e}^{-\lambda x}\sin\lambda x \\[2mm] M(x) = \dfrac{-F}{4\lambda}\mathrm{e}^{-\lambda x}(\cos\lambda x - \sin\lambda x) \\[2mm] Q(x) = \dfrac{-F}{2}\mathrm{e}^{-\lambda x}\cos\lambda x \end{cases} \tag{1-17}$$

(2)半无限长梁解析解。

半无限长梁的求解仍然按照无限长梁的方法计算，唯一不同的是边界条件，即 $x = 0$ 时 $M = -EI\dfrac{\mathrm{d}^2 w}{\mathrm{d}x^2} = 0$，$Q = -EI\dfrac{\mathrm{d}^3 w}{\mathrm{d}x^3} = -F$，待定常数为 $B = C = D = 0$、$A = \dfrac{F}{2EI\lambda^3} = \dfrac{2F\lambda}{kb}$，计算公式如式(1-18)所示，计算示意图如图 1-8 所示。

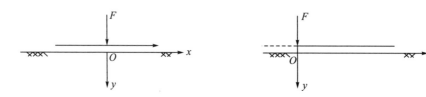

图 1-7　无限长梁计算示意图　　　　　图 1-8　半无限长梁计算示意图

$$\begin{cases} w(x) = \dfrac{2F\lambda}{kb}\mathrm{e}^{-\lambda x}\cos\lambda x \\[2mm] \theta(x) = \dfrac{-2F\lambda}{kb}\mathrm{e}^{-\lambda x}(\cos\lambda x + \sin\lambda x) \\[2mm] M(x) = \dfrac{-F}{\lambda}\mathrm{e}^{-\lambda x}\sin\lambda x \\[2mm] Q(x) = F\mathrm{e}^{-\lambda x}(\cos\lambda x - \sin\lambda x) \end{cases} \tag{1-18}$$

(3)有限长梁解析解。

有限长梁[40]计算模型如图 1-9 所示，具体求解过程与无限长梁基本类似，只是边界条件不同，在此不再赘述。

（4）初参数法。

初参数法求解图如图 1-10 所示。

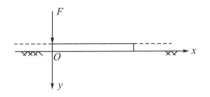

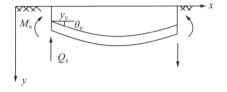

图 1-9　有限长梁计算图　　　　　　　　图 1-10　初参数法求解图

将 Winkler 弹性地基梁通解微分方程中的 A、B、C、D 用 $C_1 \sim C_4$ 来表示，即

$$A = 0.5(C_1 - C_3)，\quad B = 0.5(C_2 - C_4)，\quad C = 0.5(C_1 + C_3)，\quad D = 0.5(C_2 + C_4) \quad (1\text{-}19)$$

则式(1-15)变为

$$w(x) = C_1 \mathrm{ch}\lambda x \cos\lambda x + C_2 \mathrm{ch}\lambda x \sin\lambda x + C_3 \mathrm{sh}\lambda x \cos\lambda x + C_4 \mathrm{sh}\lambda x \sin\lambda x \quad (1\text{-}20)$$

式中，双曲正弦函数 $\mathrm{sh}\lambda x = \dfrac{\mathrm{e}^{\lambda x} - \mathrm{e}^{-\lambda x}}{2}$；双曲余弦函数 $\mathrm{ch}\lambda x = \dfrac{\mathrm{e}^{\lambda x} + \mathrm{e}^{-\lambda x}}{2}$；

其中：

$$C_1 = w_0，\quad C_2 = \frac{1}{2\lambda}\theta_0 - \frac{1}{4\lambda^3 EI}Q_0，\quad C_3 = \frac{1}{2\lambda}\theta_0 + \frac{1}{4\lambda^3 EI}Q_0，\quad C_4 = -\frac{1}{2\lambda^2 EI}M_0 \quad (1\text{-}21)$$

引入克雷洛夫函数：

$$\varphi_1(x) = \mathrm{ch}\lambda x \cos\lambda x，\quad \varphi_2(x) = \mathrm{ch}\lambda x \sin\lambda x + \mathrm{sh}\lambda x \cos\lambda x$$
$$\varphi_3(x) = \mathrm{sh}\lambda x \sin\lambda x，\quad \varphi_4(x) = \mathrm{ch}\lambda x \sin\lambda x - \mathrm{sh}\lambda x \cos\lambda x \quad (1\text{-}22)$$

最后经运算有 w、θ、M、Q，即

$$
\begin{cases}
w = w_0\varphi_1 + \dfrac{\theta_0}{2\lambda}\varphi_2 - M_0\dfrac{2\lambda^2}{K}\varphi_3 - Q_0\dfrac{\lambda}{K}\varphi_4 \\[2mm]
\theta = -w_0\lambda\varphi_4 + \theta_0\varphi_1 - M_0\dfrac{2\lambda^3}{K}\varphi_2 - Q_0\dfrac{2\lambda^2}{K}\varphi_3 \\[2mm]
M = w_0\dfrac{K}{2\lambda^2}\varphi_3 + \theta_0\dfrac{K}{4\lambda^3}\varphi_4 + M_0\psi_1 + Q_0\dfrac{1}{2\lambda^2}\varphi_2 \\[2mm]
Q = w_0\dfrac{K}{2\lambda}\varphi_2 + \theta_0\dfrac{K}{2\lambda^2}\varphi_3 - M_0\lambda\varphi_4 + Q_0\varphi_1
\end{cases}
\quad (1\text{-}23)
$$

图 1-11 所示为考虑集中荷载作用在坐标原点处引起的附加项，作用点处的 4 个初参数初值为

$$w_{x_1} = 0，\quad \theta_{x_1} = 0，\quad M_{x_1} = 0，\quad Q_{x_1} = -p \quad (1\text{-}24)$$

将式(1-24)代入式(1-23)，得

$$w = w_0\varphi_1 + \frac{\theta_0}{2\lambda}\varphi_2 - M_0\frac{2\lambda^2}{K}\varphi_3 - Q_0\frac{\lambda}{K}\varphi_4 + \frac{\lambda p}{K}\varphi_{4\lambda(x-x_1)}$$

$$\theta = -w_0\lambda\varphi_4 + \theta_0\varphi_1 - M_0\frac{2\lambda^3}{K}\varphi_2 - Q_0\frac{2\lambda^2}{K}\varphi_3 + \frac{2\lambda^2 p}{K}\varphi_{3\lambda(x-x1)}$$

$$M = w_0\frac{K}{2\lambda^2}\varphi_3 + \theta_0\frac{K}{4\lambda^3}\varphi_4 + M_0\varphi_1 + Q_0\frac{1}{2\lambda^2}\varphi_2 - \frac{1}{2\lambda}\varphi_{2\lambda(x-x1)}$$

$$Q = w_0\frac{K}{2\lambda}\varphi_2 + \theta_0\frac{K}{2\lambda^2}\varphi_3 - M_0\lambda\varphi_4 + Q_0\varphi_1 - p\varphi_{1\lambda(x-x1)} \qquad (1\text{-}25)$$

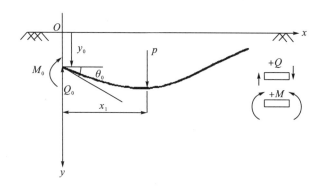

图 1-11　集中荷载作用下引起的附加项

3) 弹性半空间地基梁法

如图 1-12 所示，在外荷载 F_1、F_2、F_3、$\cdots$、F_n 作用下，假设地基模型符合弹性半空间假定，则求解框架梁上任意点的竖向位移表达式为

$$w(x) = \frac{2F}{\pi E}\ln\frac{s}{r} \qquad (1\text{-}26)$$

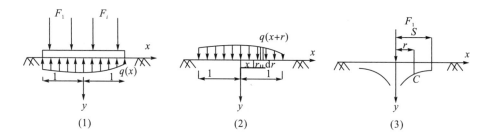

图 1-12　弹性地基模型计算简图

由式（1-26）可求出 $q(x+r)$ 引起的地基竖向位移：

$$w(\eta) = \frac{2l}{\pi E}\left[\int_0^{1-\eta} q(\rho+\eta)\ln\frac{\zeta}{\rho}\mathrm{d}\rho + \int_0^{1-\eta} q(\eta-\rho)\ln\frac{\zeta}{\rho}\mathrm{d}\rho\right] \qquad (1\text{-}27)$$

式（1-27）中引用无因次坐标 $\eta = x/l$、$\rho = r/l$、$\zeta = s/l$、$\mathrm{d}r = l\mathrm{d}\rho$。

地基反力则可按以下方法求得：

$$q(\eta) = a_0 + a_1\eta + a_2\eta^2 + a_3\eta^3 + \cdots + a_{10}\eta^{10} \tag{1-28}$$

根据地基梁的静力平衡条件：$\sum F_y = 0$、$\sum M = 0$，可求得 a_0、a_1、a_2、$\cdots$、a_{10}。

地基梁的挠曲线方程：

$$\frac{\mathrm{d}^4}{\mathrm{d}\eta^4} y(\eta) = \frac{l^4}{EI}[-q(\eta)] \tag{1-29}$$

4) 弹性地基模型的双参数法

考虑一维情况下利用双参数法计算弹性地基梁反力时，需要将梁体截面的宽度按式(1-31)等效替换，地基抗力表达式为

$$p(x) = kw(x) - G_p w''(x) \tag{1-30}$$

$$b^* = b\left[1 + \frac{\sqrt{G_p/k}}{b}\right] \tag{1-31}$$

其中，k、G_p 均为地基模型的弹性参数，b、b^* 分别为梁身截面实际宽度及其等效宽度。

将式(1-30)和式(1-31)代入地基梁的控制方程：

$$EI\frac{\mathrm{d}^4 w}{\mathrm{d}x^4} - G_p b^* \frac{\mathrm{d}^2 w}{\mathrm{d}x^2} + kb^* w = bq(x) \tag{1-32}$$

为简化计算，令

$$\lambda = \sqrt[4]{\frac{kb^*}{4EI}}, \quad \alpha_1 = \sqrt[2]{1 - \frac{G_p\lambda^2}{k}}, \quad \alpha_2 = \sqrt[2]{1 + \frac{G_p\lambda^2}{k}}, \quad \alpha^2 = \frac{G_p}{k} \tag{1-33}$$

无外力作用时，式(1-32)可简化为

$$\frac{\mathrm{d}^4 w}{\mathrm{d}x^4} - 4\lambda^4\alpha^2\frac{\mathrm{d}^2 w}{\mathrm{d}x^2} + 4\lambda^4 w = 0 \tag{1-34}$$

在工程实践中经常碰到 $\Delta < 0$ 的情况，则其通解为

$$w(x) = \mathrm{e}^{-\alpha_2\lambda x}(A\cos\alpha_1\lambda x + B\sin\alpha_1\lambda x) + \mathrm{e}^{\alpha_2\lambda x}(C\cos\alpha_1\lambda x + D\sin\alpha_1\lambda x) \tag{1-35}$$

式中，A、B、C、D 均为待定常数，由边界条件确定。将地梁体系的边界条件代入式(1-35)，即可解得常数 A、B、C、D，进而求得位移、弯矩等物理量沿梁长的分布曲线。

$$w(x) = w_0\left[\varphi_1(x) - \left(\frac{\alpha_2^2 - \alpha_1^2}{2\alpha_1\alpha_2}\right)\varphi_4(x)\right] + \frac{\theta_0}{2\lambda}\left[\frac{\varphi_3(x)}{\alpha_2} + \frac{\varphi_2(x)}{\alpha_1}\right] - \frac{M_0}{\lambda^2 EI}\left[\frac{\varphi_4(x)}{2\alpha_1\alpha_2}\right]$$

$$+ \frac{Q_0}{4\lambda^3 EI}\left[\frac{\varphi_3(x)}{\alpha_2} - \frac{\varphi_2(x)}{\alpha_1}\right] - \frac{P}{4\lambda^3 EI}\left[\frac{\varphi_3(x - x_1)}{\alpha_2} - \frac{\varphi_2(x - x_1)}{\alpha_1}\right]$$

$$\theta(x) = w_0\lambda\left[\frac{\varphi_3(x)}{\alpha_2} - \frac{\varphi_2(x)}{\alpha_1}\right] + \theta_0\left[\varphi_1(x) + \frac{\alpha_2^2 - \alpha_2^2}{2\alpha_1\alpha_2}\varphi_4(x)\right] - \frac{M_0}{2\lambda EI}\left[\frac{\varphi_3(x)}{\alpha_2} + \frac{\varphi_2(x)}{\alpha_1}\right]$$

$$- \frac{Q_0}{\lambda^2 EI}\left[\frac{\varphi_4(x)}{2\alpha_1\alpha_2}\right] + \frac{P}{\lambda^2 EI}\left[\frac{\varphi_4(x-x_1)}{2\alpha_1\alpha_2}\right]$$

$$M(x) = w_0 4EI\lambda^2\left[\frac{\varphi_4(x)}{2\alpha_1\alpha_2}\right] + \theta_0\frac{EI\lambda}{2}\left[\frac{3\alpha_2^2 - \alpha_1^2}{\alpha_2}\varphi_3(x) + \frac{2\alpha_2^2 - 3\alpha_2^2}{\alpha_1}\varphi_2(x)\right] +$$

$$\left[M_0\varphi_2(x) + \frac{\alpha_2^2 - \alpha_1^2}{2\alpha_1\alpha_2}\varphi_4(x)\right] + \frac{Q_0}{2\lambda}\left[\frac{\varphi_3(x)}{\alpha_2} + \frac{\varphi_2(x)}{\alpha_1}\right] - \frac{P}{2\lambda}\left[\frac{\varphi_3(x-x_1)}{\alpha_2} + \frac{\varphi_2(x-x_1)}{\alpha_1}\right]$$

$$Q(x) = w_0 2EI\lambda^3\left[\frac{1+2\alpha^2}{\alpha_2}\varphi_3(x) + \frac{1-2\alpha^2}{\alpha_1}\varphi_2(x)\right] + \theta_0 2EI\lambda^2\left[\frac{\varphi_4(x)}{\alpha_1\alpha_2}\varphi_3(x)\right]$$

$$+ M_0\lambda\left[\frac{\varphi_3(x)}{\alpha_2} - \frac{\varphi_2(x)}{\alpha_1}\right] + Q_0\left[\varphi_2(x) - \left(\frac{\alpha_2^2 - \alpha_1^2}{2\alpha_1\alpha_2}\right)\varphi_4(x)\right] -$$

$$P\left[\varphi_2(x-x_1) - \left(\frac{\alpha_2^2 - \alpha_1^2}{2\alpha_1\alpha_2}\right)\varphi_4(x-x_1)\right] \tag{1-36}$$

综上可知，国内外在锚索框架梁静力计算研究方面成果较为丰富，已形成一系列适合静力条件下的框架梁-岩土体相互作用的计算方法。

1.2.2 动力计算研究

目前对于支挡结构加固边坡体在地震工况下的稳定性分析主要是从力学角度进行安全系数评判和位移角度进行工作性态评价两种，但目前基于性能的抗震稳定性评价发展较慢，仅在重力式挡墙中取得了一定进展，基于传统力法的稳定性评价方法较多，如拟静力、拟动力、数值分析和模型试验等。

对于锚索框架梁体系中的锚固段国内外学者已经进行了大量的试验研究[41-50]，结果表明，在预应力作用下沿锚固段分布的黏结应力为非均匀的，受荷初期临近自由段方向黏结应力最大而锚固段末端基本无黏结应力。然而随着自由段外荷载的增加，黏结应力沿锚固段的分布形态发生明显变化，即峰值向后转移，原峰值出现位移黏结力显著下降。若保持外部荷载不变，则在短时间内锚固端黏结应力处于稳定状态，其峰值与分布形式不变，此时将其近似地等效为均布荷载计算时与实际情况的偏差较小。但是，当体系受到地震荷载时，短时间内锚固系统受到幅值变化剧烈的动力荷载。锚固段黏结应力分布情况会随外荷载产生变化（图1-13），此时若仍按照静力荷载时的设计方法，其合理性有待验证。

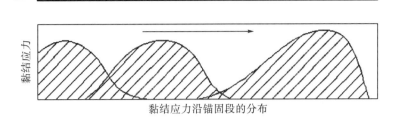

黏结应力

黏结应力沿锚固段的分布

图 1-13　锚固段黏结应力随外荷载的变化示意图

目前，在锚固结构的抗震设计时国内外多采用强度折减法考虑地震效应，如《美国混凝土结构设计规范》（ACI 318-08）中针对混凝土基体破坏导致锚固体失效的破坏模式，建议对锚固体轴力进行 75%折减。与此相对，国内规范在地震下边坡中的锚固结构设计时假设界面黏结力均匀分布且未做设计强度折减，《岩土锚杆(索)技术规程》[51]中规定在锚杆承受反复荷载时，其变化幅值不应大于锚杆设计锚固力的 20%。现有的基于振动台和数值仿真的研究结果均表明，地震荷载输入下，边坡内锚固结构受到频率和幅值变化较大的外力作用，这种频繁变化的动态受力过程与规范设计依据的静力假设存在较明显的差异。

易长平等[52]研究了灌浆体中的动应力和振动速度在平面纵波作用下的分布规律，比较分析了应力波频率对锚固段动态响应规律的影响，并给出了振速安全范围。Ivanovic、Starkey 等[53,54]采用试验和有限差分法的集中参数数值模型，计算分析了冲击荷载作用下预应力、加载频率与锚杆动力响应规律的关系，提出了一种针对非破坏状态下的测试方法。Ivanovic 等[55,56]建立了锚杆锚固系统连续模型，探讨了系统固有频率及其参数影响。张永兴等[57]通过建立理论模型，结合室内试验和数值模拟技术探讨了不同损伤程度下锚杆灌浆体内应力波的传播规律。周德培、庄卫林等[58,59]调查了汶川地震道路边坡工程震害情况，其调查结果表明部分边坡支护结构中出现了预应力锚索在锚头处被拉断的破坏情况。在实际震害调查的基础上，针对锚固结构体系在地震下的破坏特性，国内已有学者开展了相关研究。例如，叶海林等[60]基于强度折减法，结合数值模拟与振动台试验研究了锚杆在地震作用下轴力幅值的变化情况，但并未研究其黏结力分布的变化情况。言志信等[61-66]基于 FLAC3D 有限差分软件建立了边坡锚固支护模型，研究了地震作用前后锚固系统内部轴力、界面黏结力的变化情况。其研究结果表明，地震作用下砂浆中剪应力整体增大，剪应力最大值向锚杆端部靠近，但其并未研究地震过程中的变化情况。上述研究均主要针对采用锚固结构的整体边坡抗震性能进行研究,对锚固体系而言,由于试验的影响变量多(如边坡自身特性、输入地震动等),因此难以针对锚固系统这一具体结构进行单一量化的分析。

为了针对单一的锚固系统本身的抗震特性进行研究，需要采用预制单一的锚固系统构件对其进行加载试验。为此，需要合理的设置构件并保证试验荷载与实际荷载满足较强的相关性。现有针对岩土锚固结构的试验通常采用按一定速率加载直至试件失效的加载方案，如尤春安和战玉宝的工作[48,49]。

经文献检索和查阅，国外广泛采用锚杆（索）维持边坡稳定，日本在应用和研发预应力锚索框架结构方面走在了世界的前列，但其在预应力锚索框架结构的抗震性能研究方面成果很少。国外在其他类型的支挡结构抗震设计方面的研究还是能够给我们研究预应力锚索框架结构提供可借鉴的经验的。

刚性挡土墙理论计算方面，Choudhury 等[69]基于改进的 M-O 理论方法研究了刚性挡土墙在地震时的主动土压力变化规律，并计算比较了码头重力式挡土墙地震主、被动土压力分布特征；Lanzoni 等[70]研究了柔性挡土墙系统的地震响应特性；Vieira 等[71]针对对数螺旋线破坏机构，研究了加筋土挡土墙地震土压力分布特征，评价了其在地震过程中的稳定性；Michalowski 等[72,73]、Ausilio 等[74]事先假定坡体破坏形式、加筋材料失效特点，分析了加筋土边坡的地震位移分布特征，并对工程设计给予建议；Trandafir 等[75]计算、分析了地震时普通重力式挡土墙和加锚重力式挡土墙的动位移响应特性；Ling 等[76]调查、分析了 ChiChi 地震和 Northridge 地震灾区的加筋土挡土墙破坏机理，并指出竖向加速度是造成加筋土挡土墙破坏的主因。

Steedman 等[77]将随机地震波简化为水平-竖直向正弦波，假设墙后土体材料的动剪切模量不变，考虑地震波沿高程方向传播时存在相位差，按照拟动力的方法计算出地震主动土压力的分布形式及数值大小。

数值计算方面，Gazetas 等[78]通过数值模拟研究了地震时钢筋混凝土挡土墙、锚索抗滑桩和加筋土挡土墙 3 种类型支护结构的动力响应特性；Psarropoulos 等[79]采用有限元程序比较分析了地震时刚性挡墙土与柔性挡土墙的土压力响应特性及其分布形式差异；Zhang 等[80]在数值分析时通过改变网格划分密度和输入波频率研究了锚杆及其加固边坡体的地震动力特性，并评判了其加固效果。

Ling 等[81]借助加筋土挡土墙动态离心机模型试验和数值分析研究了其加固结构的动力稳定性，从微观上探讨了地震波传播规律；Stamatopoulosa 等[82,83]进行了考虑动力荷载作用时锚杆支护边坡的离心机模型试验，通过分析其响应规律和变形特性给出了增强锚杆加固边坡抗震性能的措施及建议。Jamshidi 等[84]通过 5 台大型振动台模型试验比较分析了桩板墙加固不同填土类型边坡的抗震效果，指出对墙后土体进行加筋能显著提高其动力稳定性并减少变形量。目前，国外岩土工程界对预应力锚索加固边坡的动力模型试验还未见报道，但其在其他类型的支挡结构抗震设计方面的研究值得我们借鉴。

李广信教授[85]认为，在进行支挡结构受力的动态响应规律分析时可参照地震时边坡的稳定性分析研究成果；王根龙等[86-88]将极限分析法的上限定理应用到岩质边坡的地震动力稳定性计算中，考虑了锚固力、裂隙内水压力、滑裂面形状及滑块之间的相互作用等因素，给出了相应的计算模型；罗强等[89]在应用极限平衡原理计算锚固结构加固边坡的地震稳定性安全系数时考虑到坡顶存在荷载和坡面出流缝排水良好和堵塞的情况，对锚固力大小、裂隙水压力、地震烈度等因素对边坡稳定系数的影响进行了讨论，给出了相应的工程建议；林永亮等[90]在分析多向锚杆作用下岩质边坡的抗震安全性时，联合 Newmark 滑块理论和拟静力刚体极限平衡原理，给出了锚固边坡体的抗滑动安全系数及各级地震作用时的永久变形计算公式；叶海林等[91-93]采用 FLAC3D 中的强度折减法分析了锚杆、抗滑桩支护边坡的地震破坏机制，并进行了相应的参数分析，给出了考虑地震烈度影响的设计建议；董建华等[94-96]应用数值模拟手段探讨了锚杆框架梁、土钉墙加固边坡体的结构-土体动力响应规律，将边坡体采用条分法进行分块受力研究，建立了加固边坡体的动力计算模型；朱彦鹏等[97]应用多质点体系的动力计算理论建立了正弦地震波作用时土钉支护边坡的动态受力响应分析模型。

艾畅等[98]、赵安平等[99]比较分析了顺层岩质边坡、基覆边坡、重力式挡土墙和桩板墙加固边坡在爆炸荷载作用下的动力响应特性，并研究了瞬时脉冲荷载与真实地震波之间的频谱特性差异；叶海林等[100]采用大型振动台模型试验研究了单级锚杆框架梁支护边坡的地震动力响应特性，通过布置在锚固段内的应变片探讨了沿锚固段分布的剪应力响应规律，比较了具有不同频谱特性的汶川卧龙地震波、EL Centro 地震波和 Taft 地震波作用时边坡的动力响应差异性；杨果林、文畅平等[101-105]以大瑞铁路典型工点为原型，采用相似比尺为 1：8 的大型振动台模型试验，比较研究了不同倾角、不同支护结构形式加固边坡体的动力响应特性及其抗震性能，应用极限分析的上限理论给出了多级支护结构加固边坡的土压力计算公式。

综上可知，国内外在预应力锚索框架梁加固边坡关于静力方面的计算理论及试验研究成果较多；在动力研究方面，国内外在锚固体动力响应、刚性挡土墙动力响应、边坡动力稳定性评价方面积累了一些研究成果，但目前动力计算理论为按拟静力的思路进行考虑，地震波作用时的频谱特性、持时、加速度放大效应等难以体现在理论计算中，无法真实地反映加固边坡体的动力特性。

1.2.3　路基边坡震害调查

认识评价路基、边坡及支挡结构抗震性能最直接、最可靠的方法是震害调查，检验分析理论公式、模型试验和数值计算最重要的标准也是震害调查。自 1960以来，我国便开始注重对现场震害进行调查研究，积累了大量珍贵的经验和资料，这也为我国工程抗震机理的认识和设计优化提供了科学依据。

1974 年昭通地震后，地震灾区震害调查时发现三江口-分水岭，分水岭-蒿之坝，小绥公路 K105+500、K110+300，木杆村，青龙埂-三江口，木杆河堤坝，青龙埂道班等位置附近的 12 座干砌片石挡土墙均出现震害，并且其中 7 座干砌片石挡土墙出现倒塌[106]。1979 年，中国科学院工程力学研究所对海城地震中 6 处挡土墙进行了详细的调查[107]。1986 年，刘恢先[108]对唐山大地震中挡土墙所处烈度、地基条件，以及挡土墙类型、尺寸均进行了详细的记载和研究。但早期的震害调查均受限于研究样本过少，所获得的一般性规律较少。Keefer[109]调查研究了 1989 年 Loma Prieta 地震震害，并据此分析了边坡震害与震中距、坡脚、岩性等的关系。Rodriguez[110]统计分析了 1980—1997 年全球 36 次地震滑坡数据，研究了滑坡规模与震级、震中距的关系。

　　1995 年日本阪神大地震，即 Kobe 地震，美国国家标准技术研究所[111]对公路桥梁进行了详细的调查统计，结果显示 60%左右的桥梁遭受到了不同程度损害。大阪至神户的高速公路有 552 个跨桥梁、637 个桥墩、679 个支座遭受中等或严重破坏。依据 1990 年实施的新版抗震设计规范，即使新建的湾岸高速公路处于更加复杂的地质环境，但震后的公路桥梁震害较轻微。我国对阪神大地震进行调查研究[112]，发现：①距断层远近、配筋率、箍筋构造等对桥梁震害有较大影响；②忽略地震动的竖向分量会大大低估地震造成的灾害。重力式挡土墙在地震中的损害程度较严重，钢筋混凝土挡土墙、加筋土挡土墙震害较轻微，并且一般挡土墙采取桩基础后，其抗震性能可得到有效提高[113]。1999 年台湾集集地震后 Ling[114]震害调查发现采用环绕加筋结构(warp-around facing structure)的边坡和采用模块加筋结构(modular block)的加筋土挡土墙抗震性能显著提高。

　　坍塌、砸毁掩埋、倾斜倾覆、剪切破坏和滑移是支挡结构物出现的 5 种典型震害形式[115]。甘善杰等[116]对汶川地震中紫坪铺公路段的锚索结构、土钉墙和挡土墙等支挡结构的震害情况进行了统计。冯俊德等[117]调查了 G213 都江堰至映秀段超过 8m 的 13 个路堤工点，调查结果如表 1-1 所示，路堤边坡震害与地震烈度和支护情况有较大关系。位于 IX 度烈度区的工点 3(路堤高度达 42m)和位于 XI 度烈度区的工点 13(高度达 16m)基本保持完好，分析原因是发现土工格栅发挥了较大的抗震加固作用。比较工点 5、6、7 发现，同一地震烈度下，路堤经土工格栅支护后，可有效减轻震害程度。比较工点 2、3 可知，土工格栅的合理设计有利于减轻震害。姚令侃[118]和廖燚[119]等统计了都江堰至映秀公路路基支挡结构震害情况，并对比分析了不同支挡结构的抗震性能。刘德功[120]依据地震造成支护结构破坏的数量指出地震时重力式挡土墙最容易破坏，并初步研究了高陡边坡采用的支护结构在高烈度地震区的破坏机理。图 1-14 给出了距离震中约 50km 的公路边坡，位于紫坪铺水电站附近，地震前左侧自然边坡岩体较好且坡度较缓，右侧边坡为加固边坡，加固措施为锚索垫墩-喷锚。比较地震过后两侧边坡的现状可知，自然边坡震害严重而加固边坡基本稳定。周德培[58]指出采用锚索地梁或预应力锚索抗滑桩加固的边坡抗震效果较好。宋志坚[121]根据对四川省内主要公路震害调查也发现边坡经锚固结构支护后，抗震性能较好。

表 1-1　路堤工程震害调查

工点编号	烈度	路堤边坡支护情况	路堤高度/m	地面横坡坡率	震害模式	震害程度
1	8	2 级台阶护坡，上部铺设格栅	34	1：3.7	骨架护坡开裂或折断	基本完好
2	9	1 级台阶护坡，下部铺设格栅	14	1：2.9	路基边坡滑坡，路肩错落 1m	严重损害
3	9	3 级台阶护坡，上、中、下均铺设格栅	42	1：5.7	骨架护坡开裂或折断	基本完好
4	9	1 级台阶护坡，上、下部铺设格栅	9	1：2.2	骨架护坡开裂或折断	基本完好
5	9	1 级台阶护坡，上、下部均铺设格栅	20	1：2.6	骨架护坡开裂或折断	基本完好
6	9	1 级台阶护坡，未铺设格栅	14	1：2.4	上一级边坡坡脚处严重凸出变形	损伤
7	9	1 级台阶护坡，未铺设格栅	13	1：2.5	上一级边坡坡脚处严重凸出变形，涵洞开裂	损伤
8	9	1 级台阶护坡，全断面铺设格栅	10	1：2.2	骨架护坡开裂或折断	基本完好
9	10	1 级台阶护坡，下部铺设格栅	14	1：1.9	边坡上部水平拉裂，涵洞开裂	损伤
10	10	1 级台阶护坡，下部铺设格栅	20	1：2.8	上一级边坡坡脚处严重凸出变形，涵洞开裂	损伤
11	10	1 级台阶护坡，下部铺设格栅	20	1：1.5	路基边坡滑坡，滑坡部位错落 1m	严重损害
12	11	1 级台阶护坡，下部铺设格栅	14	1：2.8	道路中线严重拉裂，出现路基本体滑坡趋势	严重损害
13	11	1 级台阶护坡，上、下部均铺设格栅	16	1：2.8	路基边坡局部被落石砸毁	基本完好

图 1-14　边坡有无加固措施时的震害对比

综上可知，在国内外发生的多次地震后，许多学者开展了现场震害调查分析工作，但限于样本数量不多，所得到的山区震害一般性规律较少。所以，充分利用"5·12"汶川地震灾区大量的路基震害作为地震动力性能研究的天然试验场，进一步开展汶川地震灾区路基及边坡震害调查研究，可充实和丰富我国西部高烈度地震区抗震资料，对促进完善和优化西部高烈度高山峡谷地形条件下公路建设时支挡结构抗震设计方法具有重大的工程意义和科学价值，开展预应力锚索框架梁加固边坡的相关研究是非常有意义的。

1.3   研究内容与技术路线

"5·12"汶川地震过后，灾区路基及边坡支挡结构出现的大量失稳破坏现象为其地震动力性能的研究提供了天然典型试验场，本课题充分利用这一特殊且有利的条件，通过对公路沿线典型工点调查研究，开展预应力锚索框架梁结构加固边坡体的抗滑机理与抗震设计的试验及理论研究。

1.3.1   研究目标与内容

(1)在汶川地震区公路沿线震害调查研究的基础上，统计分析边坡的震害类型及其影响因素，防护结构类型不同时的受损程度。

(2)基于土工离心机试验测得框架梁弯矩、土压力及锚固力不同时的弯矩值，与已有的理论计算方法相比较，推荐工程设计方法。

(3)利用大型 MTS 动力试验装置对锚固体开展动力性能试验，研究在简化动力荷载作用下筋材与灌浆体间的相互作用及界面剪力分布规律、锚固段的动力破坏机理及模式。

(4)通过预应力锚索框架梁加固边坡体的大型振动台模型试验，监测边坡体系在不同位置的加速度、锚索轴力、框架梁结构位移和边坡体内部位移响应，分析其地震动响应规律和抗震性能。

(5)结合数值分析和理论计算，扩展模型试验研究成果，获取框架梁结构加固边坡的抗滑支挡机理，提出在地震作用下锚索的内力计算方法。

1.3.2   技术路线

本书对预应力锚索框架梁加固边坡的研究主要采用室内模型试验，并辅助一定量的数值分析和理论分析手段。3 种分析手段之间相互补充、验证，力求对预应力锚索框架梁加固边坡的静力设计方法、地震响应特性、锚固机理进行系统的研究，为工程应用提供合理化建议。

图 1-15 所示为研究技术路线图。

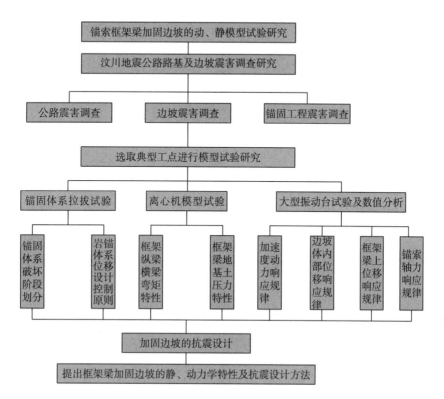

图 1-15　研究技术路线图

第 2 章　汶川地震路基及边坡震害调查

2.1　2008 年 5·12 汶川特大地震概述

发生于 2008 年 5 月 12 日(星期一)14 时 28 分的汶川地震，震中位于四川省阿坝藏族羌族自治州汶川县映秀镇与漩口镇交界处。根据中国地震局的数据，此次地震的面波震级达 8.0Ms，地震烈度达到Ⅺ度，地震波及大半个中国及亚洲多个国家和地区。5·12 汶川地震严重破坏地区超过 10 万平方千米。其中，极重灾区共 10 个县(市)，较重灾区共 41 个县(市)，一般灾区共 186 个县(市)，具体如表 2-1 所示。伤亡人数超过 10 万人，是中华人民共和国成立以来破坏力最大的地震，也是唐山大地震后伤亡最严重的一次地震。

汶川地震烈度分布图如图 2-1 所示。

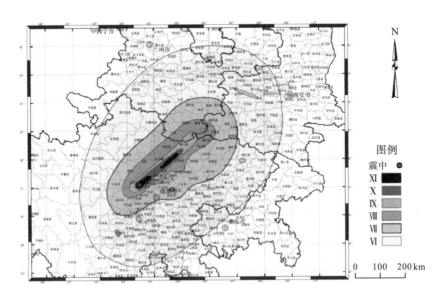

图 2-1　汶川地震烈度分布图

表 2-1　汶川地震灾区范围一览表

范围类别	省份	县(市、区)
极重灾区 (10 个)	四川省	汶川县、北川县、绵竹市、什邡市、青川县、茂县、绵阳市安州区、都江堰市、平武县、彭州市
重灾区 (41 个)	四川省 (29 个)	理县、江油市、广元市利州区、广元市朝天区、旺苍县、梓潼县、绵阳市游仙区、德阳市旌阳区、小金县、绵阳市涪城区、德阳市罗江区、黑水县、崇州市、剑阁县、三台县、阆中市、盐亭县、松潘县、苍溪县、芦山县、中江县、广元市昭化区、大邑县、宝兴县、南江县、广汉市、汉源县、石棉县、九寨沟县
	甘肃省 (8 个)	文县、陇南市武都区、康县、成县、徽县、西和县、两当县、舟曲县
	陕西省 (4 个)	宁强县、略阳县、勉县、宝鸡市陈仓区

　　四川省公路交通基础设施在此次地震中遭受到严重破坏，损失约 583 亿元，地震导致的次生地质灾害如崩塌、落石、滑坡等非常多，造成路基掩埋、桥梁垮塌、隧道受损(图 2-2～图 2-11)，通往极重灾区的公路一度完全中断，给抢险救灾带来极大的困难。

图 2-2　震中震害航拍照片(映秀)

图 2-3　原水平状的路面抬高 3m、右旋 1m 破坏

图 2-4 崩塌砸断桥梁、掩埋路基

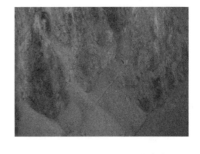

图 2-5 隧道洞口及路基震害

图 2-6　桥梁被落石砸断

图 2-7　崩塌砸断桥梁

图 2-8　落石砸坏车辆、掩埋路面

图 2-9　路基坍塌

图 2-10　路基滑动路面破坏

图 2-11　被巨石砸坏的路面

5·12 汶川地震及余震与龙门山断裂带有关，如图 2-12 所示。龙门山构造带呈 NE40°～50°方向斜贯区域，长约 500km，断面西倾，倾角不定，是一条区域性的活动断裂带。该断裂带主要由茂县—汶川断裂、北川—映秀断裂、都江堰—江油断裂 3 条主干断裂组成宽为 30～40km 的冲断带。5·12 汶川地震的地表破裂主要发生在北川—映秀断裂上，另外，都江堰—江油断裂在汶川地震中形成了长度 70 多千米的地表破裂。

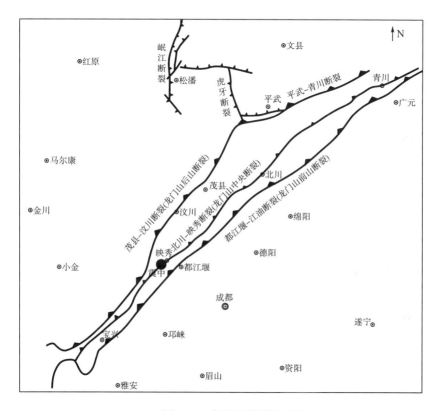

图 2-12 龙门山断裂示意图

映秀牛眠沟为 5·12 汶川地震的宏观震中，地震直接引发山体破碎形成大量岩体碎屑流，并沿沟道刮铲、碰撞、下泄，松散物质一直堆积于牛眠沟沟口，如图 2-13～图 2-15 所示。

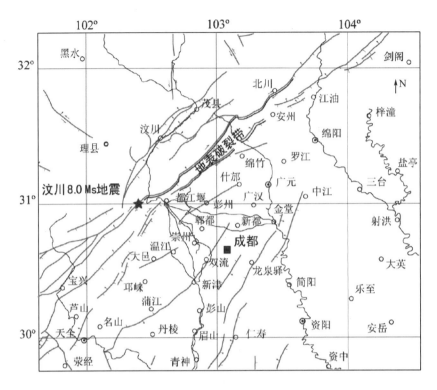

图 2-13　地表破裂示意图(图内地表破裂采用双线示意)

图 2-14　汶川地震宏观震中及碎屑流图

(a)宏观震中（线条为发震断裂示意）　　　　　　(b)碎屑流沿沟道下泄

图 2-15　汶川地震震中震害(崩塌碎屑流)现场照片

2.2　汶川地震公路震害调查

2.2.1　震害调查范围

5·12 汶川地震发生后，四川、甘肃、陕西交通技术人员对通往地震重、极重灾区公路进行了应急调查和检测。对灾区国省干道等约 7081km 路段进行了路基震害调查，主要包括以下几个范围。

(1)四川省Ⅶ~Ⅺ烈度区内的成都市、德阳市、绵阳市、广元市、甘孜州、阿坝州等区域。调查以国道、省道为主，国道涉及国道 108、212、213 和 317 共计 4 条线路，省道包括省道 105、106、302 和 303 等 7 条线路。

(2)陕西省Ⅵ~Ⅷ烈度区内的汉中、宝鸡、咸阳等区域。调查线路共计 10 余段，国道包括国道 108、210、310、316 共计 4 条线路，省道包括省道 104、210、211、212、306、309 及姜眉公路眉太段 7 条线路。

(3)甘肃省区域内，主要对 G212(宕昌至罐子沟段，长 316km)典型的路基震害进行了统计和分析，对其中 24 处路基震害进行了重点分析和归类。

2.2.2　震害调查方法

调查组在充分收集前期应急调查、检测评估等阶段震害资料的基础上，对极重、重灾区路基路面震害进行了详细调查。调查资料包括震害工点的踏勘、特征数据测量、素描和影像资料 4 个部分。具体步骤如下。

(1)资料收集：收集极重、重灾区公路的建设年代、公路等级、抗震设防烈度、震害工点的原设计和竣工资料等。

(2)现场调查方法：利用卷尺、皮尺、相机、罗盘、定位仪、测距仪等仪器和工具，现场沿路线逐段调查并记录填表，同时利用相机等记录影像；调查时已加固恢复的工点，则进行原有震害资料的收集工作。路基震害调查内容主要细化如下。

①一般路基震害调查：主要包括路路基开裂、沉陷、滑移等破坏类型的分类、损毁度及分布范围。

②防护支挡结构震害调查：主要包括抗滑桩、重力式挡土墙、加筋土挡土墙、框架锚固、锚杆锚索挂网喷混凝土、主动网、被动网等防护支挡结构在地震作用下的震害特点。

③路基工程结构的现场检测：主要是对具有明显震害的抗滑桩、桩板墙、框架梁锚头处的预应力锚索结构等在现场进行外观调查和检测。

图 2-16   现场调查照片

2.2.3   路基震害调查分类

按路基的组成类型及路基部位，路基的震害可分为路基本体震害、边坡震害、支挡防护结构震害 3 类。经现场调查，对这 3 类震害进行了调查统计。

图 2-17   路基震害调查类型

以早期震害分级为参考基础，结合现场评估路基工点的实际震害损毁情况，以及地震后公路的实际使用功能等因素，经综合分析后，提出了震害程度分级标准。震害程度分级主要包括轻微破坏、中度破坏、严重破坏、完全损毁 4 级，对应不同的震损程度以 A、B、C、D 符号表示。各震害等级及震害特征如表 2-2 所示。

表 2-2　震害等级及震害特征

震害等级	震害特征
A0 基本完好	无震害或基本完好
A 轻微破坏	挡墙震害不明显,震害面积(开裂长度)小于挡墙面积(长度)10%,没有丧失支挡功能,震害无需修补,可暂时使用
B 中度破坏	挡墙震害较明显,震害面积(长度)占挡墙面积(长度)10%～30%,墙顶位移明显,震后需进行局部修复
C 严重破坏	挡墙震害明显,震害面积(长度)占挡墙面积(长度)30%～60%,墙顶位移量较大,挡墙失稳,震后需立即进行修复
D 完全损毁	该段挡墙完全破坏,震后需重新修筑新挡墙

路基本体震害程度等级划分及震害特征如表 2-3 所示。

表 2-3　路基本体震害程度等级划分及震害特征

震害等级	震害特征
A0 基本完好	无震害或基本完好
A 轻微破坏	路基表面无明显震害,路面有细微裂缝、轻微凹陷鼓胀现象,不影响正常使用,震后暂时无需修补
B 中度破坏	路基表面震害较明显,路面有开裂错台、凹凸鼓胀现象,裂缝宽度小于 10cm,路堤边缘有小范围垮塌现象,路堤边坡落石剥落至路面,造成行车不便,经简单处理能顺利通车
C 严重破坏	路基表面震害明显,路面开裂明显,路面错台严重,裂缝宽度大于 10cm,路面凹凸鼓胀导致路面损坏,路堤边缘部分垮塌,边坡崩塌落石砸积路面,边坡滑坡掩埋路面,行车空间狭小或无法通行,能步行通过,经过一定时间清理才能恢复通车
D 完全损毁	路基表面震害剧烈,开裂、错台,凹凸鼓胀导致路基彻底失效,路基部分垮塌、侧移,边坡崩塌落石砸落堆积路面,砸坏路基并堵塞道路,边坡滑坡掩埋路基,无法通行,经过长时间清理才能恢复通车

路基边坡震害程度等级划分及震害特征如表 2-4 所示。

表 2-4　路基边坡震害程度等级划分及震害特征

震害等级	震害特征
A0 基本完好	无震害或基本完好
A 轻微破坏	(1)边坡防护结构震害不明显,震害面积小于结构面积 50%,震后没有影响边坡防护功能,震后暂时无需修补; (2)无防护边坡没有明显的滑坡、崩塌,有小部分滑塌、溜坍现象,没有对支挡结构和路基本体造成损害,并且处于稳定状态,不影响通车
B 中度破坏	(1)边坡防护结构震害较明显,震害面积占结构面积 5%～20%,局部防护结构功能被削弱,震后需进行局部修复; (2)无防护边坡有滑坡、崩塌现象,对支挡结构造成了损害,对路基本体小范围造成了损伤,经过路面简单处理能顺利通车

震害等级	震害特征
C 严重破坏	(1)边坡防护结构震害明显，震害面积占结构面积20%～50%，防护结构遭到震害，局部功能失效，滑塌体震害支挡结构和路基本体，影响正常通车，震后需立即进行修复； (2)无防护边坡滑坡、崩塌现象较严重，砸毁或整体掩埋支挡结构和路基，造成无法通车，经过一定时间清理才能通车
D 完全损毁	(1)边坡防护结构震害剧烈，震害面积占结构面50%以上，防护功能失效，滑塌砸毁或掩埋支挡结构和路基本体，造成无法通车，经过一定时间清理才能通车，震后需立即重新加固； (2)无防护边坡产生大规模滑坡、崩塌现象，砸毁并整体掩埋支挡结构和路基本体，堵塞河道造成堰塞湖，从而无法通车，经过长时间清理或改道才能通车

总计调查了公路路基震害 1488 处，其中，路基本体震害 579 处、边坡震害 534 处、防护支挡结构震害 375 处，路基震害类型如表 2-5 所示。

表 2-5　路基震害类型

路基本体	直接破坏	(1)路基沉陷；(2)路面开裂；(3)路基坍塌；(4)路基错台；(5)路面隆起	
	间接破坏	边坡滑塌及泥石流掩埋路基	
支挡结构	直接震害	(1)墙体垮塌；(2)墙面变形开裂；(3)墙体倾覆；(4)墙体剪断	
	间接震害	(1)边坡垮塌掩埋挡墙；(2)落石砸坏挡墙；(3)挡墙随路基下沉	
边坡	防护结构震害类型（间接震害）	(1)剥落	
		(2)垮塌	
		(3)局部鼓胀变形毁坏	
		(4)主动网破坏	主动网整体拔出；局部锚杆拔出；网被冲破碎石流挤出；整体掩埋整体倾覆
		(5)锚杆(索)框架破坏	锚杆(索)封头脱落；锚杆(索)锚头失效；锚杆(索)拉断；锚杆(索)预应力损失；框架梁及节点断裂；框架梁表皮开裂；框架梁底部脱空；框架梁鼓胀；框架梁整体滑移
	无防护结构边坡震害类型（直接震害）	(1)岩质边坡	崩塌性滑坡；崩塌；落石
		(2)土质边坡	土质边坡滑坡；土质边坡表层溜坍；边坡表层碎落

2.3　汶川地震公路边坡震害

2.3.1　边坡震害的分布

根据路基震害程度分级标准统计：路基震害程度主要为轻度和中度，次之为严重震害，最少的为损毁震害，约占调查路基震害总量的 11%。Ⅷ度及以下烈度区总体上震害程度轻微，仅有个别严重破坏工点，但路基位于Ⅸ~Ⅺ烈度区则破坏严重，尤其以边坡滑坡、崩塌掩埋路基为多。

图 2-18 所示为震害损毁程度分布示意图。

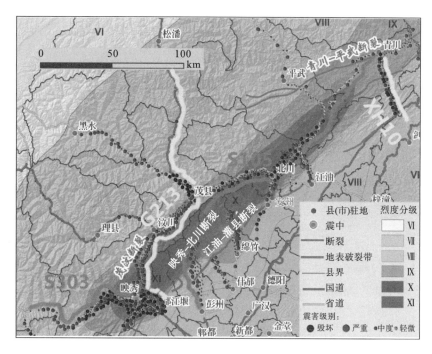

图 2-18　震害损毁程度分布示意图

根据调查结果，汶川地震造成四川省 9 条在建和已建高速公路出现不同程度的受损，其中通往震中映秀的都汶高速公路震害尤为严重。此外，成都至绵阳、绵阳至广元、广元至棋盘关、广元至巴中、雅安至泸沽、成都至邛崃、成都至都江堰、成都至彭州 8 条高速公路也存在部分路基沉降、路面开裂等震害。

5·12 汶川地震导致四川省 4 条国道（包括国道 108、212、213、317）、7 条省道（包括省道 105、106、302、303 等）不同程度受损，尤其以Ⅷ度地震烈度区的国道 213，以及省道 302、303 的部分路段震损最为严重，地震后短期难以抢通，典型路段震害如图 2-19～图 2-23 所示。

调查公路边坡震害样本合计为 534 处，在国道、省道和县乡道路 3 种主要公路类型上的数量分布统计如表 2-6 所示。

表 2-6　公路边坡震害数量统计表

线路类型	震害总数(处)	不同类型线路震害占总数百分比/%	备注
国道	209	39.1	
省道	230	43.1	震害合计 534 处
县乡道路	95	17.8	

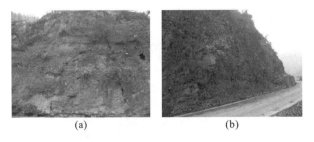

(a)   (b)

图 2-19   国道 213 都江堰至映秀段边坡震害

(a)   (b)   (c)

图 2-20   国道 317 理县至卓克基段边坡震害

(a)   (b)

图 2-21   省道 302 茂县至北川段边坡震害

图 2-22   省道 303 映秀至卧龙段边坡震害   图 2-23   县道三江至漩口段边坡震害

2.3.2   边坡震害与烈度区的关系

为了全面了解汶川地震中边坡的震害现象，根据汶川地震烈度区划图把震害区域划分为极重灾区、重灾区、一般灾害区和轻度灾害区。极重灾区主要位于地震烈度在Ⅸ度及以上烈度区，重灾区位于Ⅷ度区内，一般灾害区位于Ⅷ度及以下区域。

为了明确汶川地震中边坡震害与地震烈度的关系，将各个路段的边坡震害数量绘制在汶川地震烈度图上。Ⅸ度区及以上分布公路 21 条，边坡震害 420 处；Ⅷ度区分布公路 7 条，边坡震害 60 处；Ⅶ度及以下区分布公路 7 条，边坡震害 54 处。表 2-7 列出了边坡震害数量与所在烈度区关系。绝大部分震害边坡位于Ⅸ度及以上烈度区域，在Ⅷ度烈度区和Ⅶ度及以下烈度区也出现了少量轻度边坡震害。

表 2-7　不同烈度区边坡震害统计

烈度区	受损线路数量（条）	边坡震害数量（处）	不同烈度区震害数量占总震害数量比例(%)	备注
Ⅸ及以上	21	420	78.7	
Ⅷ	7	60	11.2	边坡震害数量合计 534 处
Ⅶ及以下	7	54	10.1	

2.3.3　边坡震害的类型

对 534 处震害边坡类型(路堑、路堤)进行统计和分析，边坡震害主要集中在路堑边坡上，路堑边坡多高陡，地震动放大效应明显，并且边坡大多缺少有效的防护工程措施，这是导致路堑边坡发生大量震害的主要原因(数量及百分比如表 2-8 所示)。

表 2-8　不同边坡类型震害情况统计

边坡类型	震害总数(处)	不同边坡类型震害数量占总震害数量百分比(%)	备注
路堑	521	97.6	边坡震害数量合计 534 处
路堤	13	2.4	

以国道 213 线都江堰至映秀和映秀至汶川为例，这两段公路在映秀为界分别位于龙门山中央断裂的下盘(南东盘)和上盘(北西盘)。其中，都江堰至映秀公路以三叠系砂岩、泥岩等沉积岩为主，映秀至汶川公路以花岗闪长岩等岩浆岩为主，边坡震害调查情况如表 2-9 和表 2-10 所示。

表 2-9　国道 213 线都江堰至映秀段边坡震害情况表

编号	发生震害部位	边坡震害情况	受损结构类型
1	K1021+740 千金沟大桥都江堰岸路堤边坡	路堤边坡采用锚索框架梁和挂网喷浆加固，锚索框架梁基本完好，部分挂网喷浆坍塌	挂网喷浆
2	K1020+800 寿江大桥路堑边坡(图 2-24)	锚索框架梁的梁身部分断裂	锚索框架梁
3	K1020+120 路堤边坡(图 2-25)	框架梁体开裂，框架内喷射的混凝土部分脱空，下部无防护的土体溜坍	锚杆框架梁
4	路堑边坡	边坡整体完好，边坡中部挂网喷浆局部坍塌，约10%坍塌	挂网喷浆
5	路堑边坡	边坡挂网喷浆开裂	挂网喷浆
6	路堑边坡	边坡总体基本完好，边坡下部的挂网喷浆有剪出，剪出量约 20cm，局部脱空	挂网喷浆
7	路堤边坡(图 2-26)	路堤外侧半幅下沉，致使网格护坡及喷浆出现坍塌，路面开裂	网格护坡及喷浆防护
8	路堑边坡	边坡发生崩塌及落石	无防护的坡面
9	路堤边坡	网格护坡变形拉开 2~7cm，防撞墩变形	网格护坡
10	路堑边坡	坡顶发育了 3 条裂缝，挂网喷浆护坡局部开裂	挂网喷浆
11	路堑边坡	整体基本稳定，边坡中部、下部出现水平裂缝剪出，剪出 10~15cm	挂网喷浆
12	路堑边坡	路肩挡土墙伸缩缝错开 20cm，墙身和锚索未见异常	挡土墙
13	路堑边坡	边坡整体完好，仅挂网喷浆出现 2~3 条裂缝	挂网喷浆
14	路堑边坡	挂网喷浆底部与挡土墙结合处开裂 50cm，下沉 1.4m	挂网喷浆
15	路堑边坡	边坡挂网喷浆垮塌	挂网喷浆
16	路堤边坡	网格护坡整体基本完好，与平台结合处有剪出裂缝 2~5cm	网格护坡
17	路堑边坡	挂网喷浆出现 5 条裂缝，震损面积约为 60%	挂网喷浆
18	路堑边坡	边坡整体基本完好，框架梁节点处有开裂现象	锚杆框架梁
19	路堑边坡	挂网喷浆基本完好，主动防护网局部破损	主动防护网
20	路堑边坡	边坡崩塌砸坏挂网喷浆	挂网喷浆
21	路堑边坡	主动防护网被垮落的岩土体带动整体拔出	主动防护网
22	路堑边坡	坡面挂网喷浆剥落	挂网喷浆
23	路堑边坡	坡面挂网喷浆出现横向开裂	挂网喷浆
24	路堑边坡	挂网喷浆出现开裂错台，错台高差 10~47cm	挂网喷浆
25	路堑边坡	挂网喷浆防护完全损毁，导致边坡岩体裸露	挂网喷浆
26	路堑边坡	挂网喷浆坡面膨胀鼓起	挂网喷浆
27	路堑边坡	挂网喷浆中上部出现裂缝两条，长达 73m	挂网喷浆
28	路堤边坡	浆砌块石挡土墙出现裂缝，部分框架梁锚头开裂	挡土墙、锚杆框架梁
29	路堑边坡	挂网喷浆局部鼓胀变形	挂网喷浆
30	路堑边坡	挂网喷浆中部局部鼓胀变形	挂网喷浆
31	路堑边坡	挂网喷浆出现裂缝	挂网喷浆
32	路堤边坡	锚索框架梁多处混凝土封锚脱落	锚索框架梁
33	路堑边坡	挂网喷浆护坡有 20%面积开裂	挂网喷浆

续表

编号	发生震害部位	边坡震害情况	受损结构类型
34	路堑边坡	挂网喷浆护坡中上部出现裂缝	挂网喷浆
35	路堤边坡	边坡的锚杆框架梁锚杆节点处钢筋脱落，钢筋在节点处搭接 30cm，开裂 20cm	锚杆框架梁
36	路堑边坡	主动防护网局部被落石冲垮	主动防护网
37	路堑边坡	主动防护网局部破损	主动防护网
38	路堑边坡	挡土墙顶部挂网喷浆错台 30cm，挡土墙局部有破损	路堑挡土墙、挂网喷浆
39	路堑边坡	锚杆框架梁上部框架锚杆节点处钢筋脱落	锚杆框架梁
40	路堑边坡	边坡岩体破碎、主动防护网局部震害、崩塌严重，长为 20m，坡长为 20m	主动防护网
41	路堑边坡	坡面挂网喷浆剥落	挂网喷浆
42	路堑边坡	挂网喷浆局部脱落	挂网喷浆
43	路堑边坡	边坡平台处的挂网喷浆出现错台	挂网喷浆
44	路堑边坡	挂网喷浆下部剥落	挂网喷浆
45	路堑边坡	预应力锚索框架梁局部混凝土梁体开裂后脱落	锚索框架梁
46	路堑边坡	挂网喷浆开裂	挂网喷浆
47	路堤边坡	路堤边坡垮塌	网格护坡
48	路堑边坡	挂网喷浆局部脱落	挂网喷浆
49	路堑边坡	边坡发生崩塌落石，方量约 50m³	路堑边坡
50	路堑边坡	边坡发生崩塌，巨石最大直径约为 12m，巨石抛射	路堑边坡
51	路堑边坡	边坡发生崩塌落石	路堑边坡
52	路堑边坡	边坡发生崩塌，导致挂网喷浆部分破损，未挂网处垮塌严重	挂网喷浆
53	路堤边坡	泥石流掩埋公路路堤	路堤边坡
54	路堑边坡	挡土墙部分整体震害及其他开裂，上部土体溜滑，护面墙部分垮塌开裂	路堑挡土墙、护面墙
55	路堑边坡	路肩墙局部开裂，挂网喷浆下部的喷浆层剥落	挂网喷浆
56	路堑边坡	坡面为砂岩，挂网喷浆局部震害(剥落或砸坏)，个别锚杆锚头被落石砸坏	挂网喷浆
57	路堑边坡	边坡发生滑坡损毁大部分挂网喷浆，少量保留的喷浆开裂	挂网喷浆
58	路堑边坡	挂网喷浆破碎外鼓	挂网喷浆
59	路堑边坡	挂网喷浆下部水平裂缝，有脱空	挂网喷浆
60	路堑边坡	锚索框架完好，其下部的挂网喷浆底部脱空	挂网喷浆
61	路堑边坡	挂网喷浆喷网开裂、脱空，锚索锚头全部外露	挂网喷浆
62	路堑边坡	边坡坍塌，挡土墙已全部垮塌，不影响路基宽度	挡土墙、挂网喷浆
63	路堑边坡	挂网喷浆总体基本完好，下部出现水平裂缝脱空	挂网喷浆
64	路堑边坡	路堑边坡喷浆绝大部分开裂	喷浆防护

图 2-24～图 2-26 所示为都映公路 K1009+079 路堤边坡震害。

(a)远观图，边坡整体基本稳定　　　　　(b)近观图，护面墙及框架结点局部破损

图 2-24　都映公路寿江大桥边坡震害

(a)远观图，锚杆框架加固 边坡稳定，　　　　(b)近观图，框架梁底部脱空
下部无加固则滑动

图 2-25　都映公路 K1020+120 路堤边坡震害

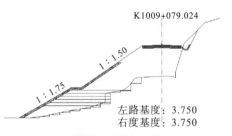

(a)路堤边坡滑动导致路面开裂　　　　　(b)路堤原设计示意图

图 2-26　都映公路 K1009+079 路堤边坡震害

　　由表 2-9 可知，国道 213 线都映公路调查震害边坡样本 64 处，边坡防护类型包括挂网喷浆、框架梁(含锚杆和锚索)、网格护坡、挡土墙(含护面墙)、主动防护网、喷浆防护六种类型。震害现象主要包括开裂、坍塌、垮塌、剥落、鼓胀等。

其中，路堑边坡为 54 处，占总震害数量的 84.4%，路堤边坡 10 处，占总震害数量的 15.6%。

　　(1) 挂网类边坡震害合计 44 处，其中挂网喷浆工点 39 处，主动防护网工点 5 处，主要震害现象为喷浆开裂、剥落、垮塌、变形、鼓胀，以及主动网破损等。

　　(2) 锚杆、锚索框架梁类震害合计 8 处。其中锚杆、锚索震害工点 4 处，主要表现为锚头脱落；框架震害工点 4 处，主要表现为框架梁及节点开裂、悬空等。

　　(3) 网格护坡类震害合计 4 处，主要表现为开裂、下沉、坍塌等。

　　(4) 喷浆防护类震害工点 2 处，主要表现为喷浆发生变形、开裂、垮塌等。

　　(5) 挡土墙 (含护面墙) 震害工点 5 处，主要表现为墙体开裂、错动、坍塌等震害。

表 2-10　国道 213 线映秀至汶川段边坡震害情况表

编号	发生震害部位	震害情况	受损结构类型
1	路堑边坡	山体崩塌，主动防护网破坏	主动防护网
2	路堑边坡	路堑边坡整体崩塌掩埋路基	路基本体
3	路堑边坡	路堑边坡整体崩塌掩埋路基	路基本体
4	路堤边坡	拱形骨架外移 20cm，路肩石外移 65cm，下沉 30cm	拱形护坡
5	路堑边坡	坡面垮塌，部分挡土墙被砸毁	挡土墙
6	路堑边坡	边坡锚杆框架梁及节点开裂，锚头失效	锚杆框架梁
7	路堑边坡	坡面垮塌，挡土墙鼓胀 5cm	挡土墙
8	路堑边坡	主动防护网被落石冲破	主动防护网
9	路堑边坡	路堑边坡崩塌掩埋路基	路基本体
10	路堑边坡	山体崩塌，被动防护网破坏	被动防护网
11	路堑边坡	坡面及挡土墙垮塌	挡土墙
12	路堑边坡	锚杆框架梁及节点断裂，锚头失效，	锚杆框架梁
13	路堑边坡	边坡垮塌、挡土墙被砸坏	挡土墙
14	路堑边坡	锚杆框架梁及节点断裂，锚头失效，	锚杆框架梁
15	路堑边坡	路堑边坡整体崩塌掩埋路基	路基本体
16	路堑边坡	路堑边坡整体崩塌掩埋路基	路基本体
17	路堑边坡	路堑边坡中上部整体崩塌掩埋路基	无防护路堑边坡
18	路堑边坡	挡土墙被落石砸坏	挡土墙
19	路堤边坡	拱形骨架护坡外移 18cm，下沉 30cm，路桥过渡段涵洞沿线路走向有贯通裂缝，涵洞底有裂缝	拱形护坡
20	路堑边坡	路堑边坡整体崩塌掩埋路基	路基本体
21	路堑边坡	路堑边坡整体崩塌掩埋路基	路基本体

续表

编号	发生震害部位	震害情况	受损结构类型
22	路堑边坡	路堑边坡整体崩塌掩埋路基	路基本体
23	路堑边坡	路堑边坡整体崩塌掩埋路基	路基本体
24	路堑边坡	主动防护网被冲破	主动防护网
25	路堑边坡	路堑边坡整体崩塌掩埋路基	路基本体
26	路堑边坡	路堑边坡整体崩塌掩埋路基	路基本体
27	路堑边坡	主动网被落石拉坏	主动防护网
28	路堤边坡	路堤边坡开裂下沉，防撞护栏外倾	无防护路堤边坡
29	路堑边坡	主动防护网被落石冲破，外侧防撞护栏被砸坏长度为40m	主动防护网
30	路堑边坡	大型山体崩塌	无防护路堑边坡
31	路堑边坡	坡顶发生崩塌，砸坏护面墙顶，框架护坡大部分也破坏了	路堑护面墙、锚杆框架梁
32	路堑边坡	崩塌砸坏锚杆框架梁，护面墙顶部分被砸	护面墙、锚杆框架梁
33	路堑边坡	主动防护网被落石冲破	主动防护网
34	路堑边坡	崩塌体下滑，路边有石笼挡土墙	无防护路堑边坡
35	路堑边坡	上边坡崩塌砸坏局部护面墙，并砸坏被动防护网	护面墙、被动防护网
36	路堑边坡	主动网部分被落石砸坏，碎石流挤出，部分网面松动	主动防护网
37	路堑边坡	崩塌	无防护路堑边坡
38	路堑边坡	崩塌砸坏路肩，路面开裂滑移	无防护路堑边坡
39	路堑边坡	边坡滑塌	无防护路堑边坡
40	路堑边坡	边坡崩塌，掩埋路基	无防护路堑边坡
41	路堑边坡	边坡崩塌掩埋路基	无防护路堑边坡
42	路堑边坡	边坡崩塌	无防护路堑边坡
43	路堑边坡	崩塌，震后新修了石笼挡土墙	无防护路堑边坡
44	路堑边坡	落石砸坏挡土墙+开裂	挡土墙
45	路堑边坡	山体崩塌掩埋路基	路基本体
46	路堑边坡	落石砸坏路堑墙及护栏	挡土墙
47	路堑边坡	崩塌落石砸坏墙顶，主动防护网部分被冲坏	挡土墙、主动防护网
48	路堤边坡	路堤边坡路肩开裂、下沉	路基本体
49	路堑边坡	主动防护网局部被拉坏(玉龙电冶厂大桥汶川侧)	主动防护网
50	路堑边坡	冰水堆积台地发生滑塌	无防护路堑边坡

表 2-10 中，共调查国道 213 线映秀至汶川段边坡震害 50 处，其中，路堑边坡为 46 处，路堤边坡 4 处。边坡防护工程结构震害 25 处，涉及挡土墙（护面墙）、挂网类（含主动和被动防护网）、框架梁（含锚杆和锚索）3 种类型。震害现象为开裂、剥落、垮塌、下沉、脱空等。

在有防护工程措施的 25 处边坡震害中，路堑边坡为 23 处，数量占比为 92.0%，路堤边坡为 2 处，数量占比为 8.0%。由于国道 G213 线映汶公路沿线以硬质花岗闪长岩为主，崩塌类地质灾害尤为突出，边坡震害多伴有崩塌、落石等对坡面防护结构的损坏，一般没有单一工程及防护结构的震害，如图 2-27 和图 2-28 所示。

（1）挂网防护类震害工点 11 处，防护结构主要为主动防护网和被动防护网，震害现象主要为边坡崩塌、落石、网被冲破等。

（2）挡土墙、护面墙防护震害工点 11 处，震害现象主要表现为墙体开裂、鼓胀、被落石砸坏等。

（3）锚杆和锚索框架类防护震害工点 5 处，震害主要表现为锚头脱落、内陷、框架梁及节点断裂、变形等。

（4）拱形护坡防护震害工点 2 处，震害主要表现为混凝土预制块框架开裂、垮塌。

（a）框架梁脱空，并被落石砸坏　　　　　　　　　（b）框架梁节点损坏

图 2-27　映汶公路路堑边坡震害（框架梁）

（a）路堤边坡拱形护坡开裂、下错　　　　　　　　（b）桥台路堤边坡护坡开裂

图 2-28　映汶公路典型路堤边坡震害照片

2.3.4　不同边坡防护结构的震害差异

调查发现,有防护结构的路基边坡震害程度和破坏数量总体较无防护边坡少,边坡震害样本为 534 处。其中,无防护边坡数量为 360 处,占比为 67.4%;有防护的边坡 174 处(表 2-11),占比为 32.6%,边坡震害主要位于无防护结构的土质边坡上。现场调查时对坡面防护结构的震害也进行了统计,边坡的防护结构主要为主被动柔性网、圬工护面墙、锚杆锚索及框架梁、挂网喷混凝土等类型。

据统计,约 60%的有防护结构的边坡震害位于护面墙和挂网喷混凝土两类防护类型中。护面墙主要是为了防止岩体风化破碎和表层溜坍而设置的厚度不大的贴合坡面的圬工体,所以,与重力式挡土墙不同,由于护面墙本身不起抗滑支挡作用,并且结构较为单薄,因此表现出抗震作用差,在地震作用下其震害数量相对较多。

挂网喷混凝土防护结构是路堑边坡防护中的常用形式。其与护面墙类似,其主要功能是防止边坡受风化影响,提高边坡的稳定性,但抗震性能较差,所以在强震作用下容易失效致使边坡失稳垮塌。

植被防护主要是起到坡体表面绿化和半封闭坡面的作用,有利于减少水土流失,兼具部分边坡稳定的效果。边坡植被防护主要分为种草和植树两类,其破坏数量总体相当。调查显示,植被防护抗震性能差,种草或植树对地震作用下稳定边坡的效应没有明显的差异。

表 2-11　不同防护类型震害情况统计

防护结构类型	震害数量(处)	不同防护结构类型震害占总数百分比(%)	备注
实体式护面墙	59	33.9	
挂网喷浆	46	26.4	
坡面柔性防护网	24	13.8	
植树	13	7.5	
种草	10	5.7	
水泥混凝土预制板	7	4.0	震害数量合计 174 处
锚杆结合预制板	6	3.4	
圬工网格骨架种草	2	1.1	
孔窗式护面墙	1	0.6	
喷射混凝土或喷浆(无网)	6	3.4	

喷混凝土(浆)防护采用水泥砂浆、小石子混凝土等混合料喷在坡面上进行边坡封面和填缝,以防止边坡进一步风化、剥蚀,减少降雨冲刷影响,提高边坡稳定性。与护面墙相似,喷浆防护由于一般没有锚杆,抗震性能总体较差,在提高边坡稳定性方面不如锚杆挂网喷混凝土性能好,由于在边坡防护中使用较少,因此调查发现的震害数量也相应较少。

从调查结果发现,框架类与锚杆(索)类防护结构在地震中破坏较少,即便遭受损坏但防护功能并没有完全失效,抗震性能良好。防护结构震害中有 109 处是防护功能失效随边坡发生了垮塌震害,发生该类震害多为挂网喷浆、护面墙及植物防护,如图 2-29~图 2-34 所示。

图 2-29　映秀至汶川段主动网震害

图 2-30　三江至漩口段水泥混凝土预制块

图 2-31　映汶公路护面墙震害

图 2-32　北川-桂溪段植树防护震害

图 2-33　映秀以北典型的坡体破坏

图 2-34　映秀以南典型的坡体破坏

2.3.5 地层岩性及断层上下盘震害差异

以映秀附近为界，南北方向的地层岩性不同，所处的北川至映秀断裂上下盘位置也不同，震害类型和程度也不同。映秀以北位于北川至映秀断裂上盘，岩性以脆硬性花岗闪长岩为主，山体普遍高陡，卸荷作用强，岩体节理、裂隙非常发育，受地震影响，发生了大规模的崩塌、落石；而映秀以南，地层以软至中软的三叠系沉积砂泥岩为主，节理裂隙规模小，山体坡度不大，形成的崩塌、落石规模相对较小。

上述边坡震害差异在断层的上下盘也有表现。北川至映秀断裂上盘发生的崩塌、滑坡和泥石流灾害非常严重，位于断裂上盘且以花岗岩体为主的省道303线映秀至耿达段、国道213线映秀至草坡段大型地震地质灾害规模大、数量多，道路难以短时间抢通，而以较软岩为主的都映公路则较易抢通。综上可知，地层岩性及发震断裂的上下盘的不同对地震地质灾害类型和规模影响较大。

2.3.6 边坡震害的影响因素

边坡震害主要受地震强度、地形、坡体结构等因素的影响，震害类型、规模等存在较大差异，以下从坡度和坡高、岩土类型、与断裂带的夹角关系等进行论述。

1. 坡度与坡高

坡高、坡度都是影响边坡稳定的重要因素，一般情况下，即使没有地震的影响，坡度越大的边坡也越容易发生灾害，坡度直接决定边坡的应力分布。一般来说，随坡度增大，坡体发育的软弱结构面增多，边坡的稳定性越低。调查统计范围内边坡灾害数量随坡度和坡高的变化关系如图 2-35 和图 2-36 所示。

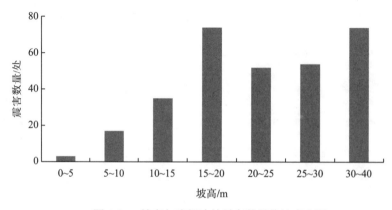

图 2-35 坡高与路堑边坡震害数量统计直方图

　　图 2-35 所示为坡高与路堑边坡震害数量分布关系。需要说明的是，因为路基"红线"内边坡高度多为 40m 以下，所以调查统计样本为低于 40m 的边坡。可见，随坡高增加，震害数量也在增加，高度大于 20m 的边坡是防护重点。

　　图 2-36 所示为边坡坡度与震害数量的统计关系。需要说明的是，因为路基"红线"范围内的边坡坡度大多小于 65°，所以调查统计样本为小于 65° 的边坡。可见，边坡震害主要分布在 35°～65° 区间，坡度小于 65° 的震害数量随着坡度增加呈上升趋势，坡度大于 35° 的边坡是防护的重点。

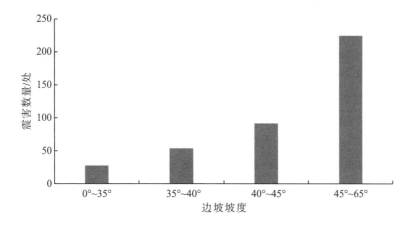

图 2-36　边坡坡度与震害数量关系图

2. 岩土类型

　　岩土体是边坡灾害发生的承载体。调查时将边坡岩土类型分为岩质、土质、上土下岩 3 类，统计如表 2-12 所示。岩质与上土下岩边坡震害数量超过震害数量的一半，多出现崩塌性滑坡现象是 5·12 汶川地震与其他地震边坡震害的显著区别。

表 2-12　不同地层岩性组合的边坡震害情况统计

地层岩性组合条件	震害总数/处	不同岩性组合边坡震害占总震害数量百分比/%	备注
土质	209	45.6	
上土下岩	146	31.9	不同地层岩性组合震害样本合计 458 处
岩质	103	22.5	

3. 工点路线走向与发震断裂走向夹角

　　将 5·12 汶川地震发震断裂(龙门山中央断裂)简化为穿过北川、映秀的一条直线，该直线走向为 NE32°。以此直线为基准，将研究区域内调查统计的各线路的走向与断裂带直线夹角范围分为 9 个等级分别进行统计，如图 2-37 所示。统计显示，边坡震害数量随所处公路走向与断裂带间夹角增大而呈下降趋势，也就是边坡临空面垂直于断层时，地震动作用最大，震害程度也最大。

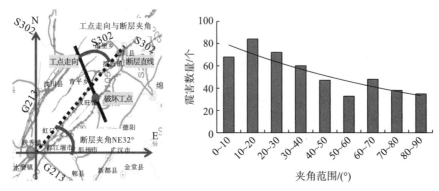

图 2-37　震害点所处公路走向及数量与发震断裂夹角关系图

2.4　汶川地震公路边坡锚固工程震害的特点

边坡锚固工程就是用一定的传力体系将变形或潜在不稳定岩土体锚固在稳定岩土体上的工程。传力体系按采用材料的不同，可分为锚杆和锚索两大类。锚固工程一般由主体传力系统(锚杆、锚索)和辅助传力系统组成。锚固体系震害按不同结构进行分类，如图 2-38 所示。

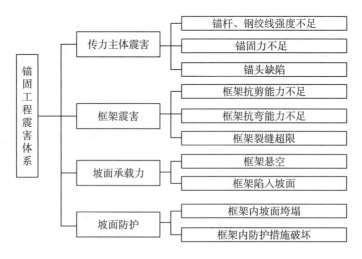

图 2-38　锚固体系震害分类

2.4.1　边坡锚固防护工程抗震效果

由震害调查可知，采用了锚固防护工程［锚杆挂网喷混凝土(浆)、锚杆(索)框架梁等］的边坡震害总体较轻或表观无明显震害现象，表明锚固工程用于高烈度地震山区公路边坡防护是总体有效的，并且以锚杆(索)框架梁防护工程的抗震性能表现最好。

1. 有无防护措施的破坏差异

据调查，有防护工程路堑边坡的破坏程度明显轻于未防护的边坡，并且与边坡高度的关系并不明显，边坡采用了挂网喷混凝土(浆)、锚杆(索)框架梁、主动防护网等防护措施的工点震害总体较轻或无明显震害，而未采取防护的相邻边坡则发生了明显破坏。

2. 防护边坡类型不同的破坏差异

有防护工程的边坡其破坏程度也有差异，有的边坡虽然实施了防护措施，但仍没有达到有效加固边坡的目的，需要综合考虑岩性、组合、风化程度等因素，以便选取合适的防护工程措施，如图 2-39～图 2-46 所示。震害调查表明，预应力锚索框架梁是一种有效的抗震防护类型，采用了此种防护类型的边坡没有明显震害或震害程度明显较小，如图 2-47～图 2-56 所示。

图 2-39　G213 公路无防护与锚索框架梁震害对比

图 2-40　有无防护破坏情况对比

图 2-41　　无防护与锚杆框架防护

图 2-42　高边坡防护与矮边坡无防护对比

图 2-43　　无防护与锚杆挂网喷混凝土边坡

图 2-44　锚杆挂网喷混凝土防护与无防护对比

图 2-45　　隧道口边坡无防护，破坏严重

图 2-46　锚杆挂网喷混凝土防护与无防护对比

图 2-47　锚杆框架加固边坡，无震害

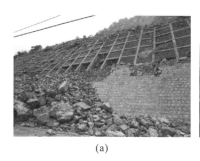

(a)　　　　　　　　　　　　　　　(b)

图 2-48　边坡采用锚杆框架梁防震害轻微，上方崩塌落石掩埋路基

图 2-49　锚杆框架梁防护后无破坏，紧　　　　图 2-50　锚杆框架未见明显震害
邻路基严重隆起

图 2-51　锚杆挂网喷混凝土与锚索挂网喷混　　　图 2-52　柔性主动网防护
凝土对比

图 2-53　锚杆挂网喷混凝土与锚杆框架梁防护　　图 2-54　锚杆框架梁防护，无明显震害

图 2-55　挂网喷混凝土与锚杆框架对比　　　图 2-56　都映高速公路紫平铺水库出口边仰坡
　　　　　　　　　　　　　　　　　　　　　　　垫墩锚杆植草防护受地震影响较小(与之紧邻
　　　　　　　　　　　　　　　　　　　　　　　的庙子坪大桥震后病害严重)

2.4.2　锚固工程震害分析

结合震害调查分析，边坡锚固结构总体上震害较少，在地震作用下主要发生以下 4 类震害：①传力主体损伤；②框架震害；③坡面承载力不足；④坡面防护破坏。在锚固结构的 4 类震害中，前 3 类即传力主体震害、框架震害和坡面承载力问题，其最终的影响都是锚杆锚固力或锚索预应力受到影响，从而影响加固工程的效果。

1. 传力主体震害

(1)锚杆、钢绞线强度不足。①对于锚杆而言，其强度不足主要表现在所受拉力超过了杆体钢筋的承受能力。在确保施工原因和锚杆体完整性的情况下，出现该类情况的主要原因是边坡在地震作用下变形程度超过了设计预期。②对于锚索而言，出现此类情况的主要原因有两点：一是锚索的受力方向和轴向的夹角过大，锚索被剪断；二是设计参数取值不准确，当边坡的变形位移累计到一定的程度时，锚索承受的拉力超出其本身极限抗拉强度后而断裂。若此类破坏发生在锚索的自由段，则锚头的夹具会松动，拉出锚索，断裂的部位即可直观判断；若此类破坏发生在锚固段，则难以直接判断。

边坡锚固工程断面示意图如图 2-57 所示。

(2)锚固力不足。根据规范规定，无论是锚杆还是锚索在大范围使用之前，都需要进行现场的拉拔试验。但是由于岩土体的性质变化较大，在岩性变弱的部分可能会在使用过程中出现此类震害。对于此类震害的判断，在安装锚索测力计的部位，可以观测到锚索预应力的持续下降；在未安装锚索测力计的部位，可以通过现场拉拔测试来检测。汶川地震发生后，由于地震作用下，边坡发生了剧烈的变形，因此导致部分锚固工程出现松动、断裂、破损。

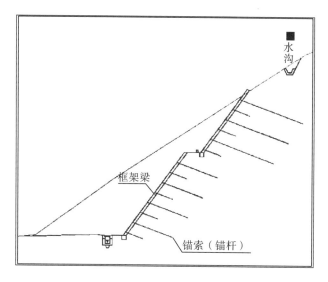

图 2-57　边坡锚固工程断面示意图

(3)锚头缺陷。此类病害的产生原因，除了地震因素，还有部分和工程时限及施工质量相关。一是锚具老化腐蚀；二是锚头承压板凹陷变形，如图 2-58 所示。

(a)锚头沉陷　　　　　　　　　　　　　(b)钢垫板变形

图 2-58　锚头震害图片

2. 框架震害和边坡表面承载力

框架病害和边坡表面的承载力有较为密切的关系，其主要的震害形式如下。

框架受弯破坏：截面的最大弯矩处梁的弯矩超过了抗弯能力发生弯曲破坏。具体的部位可能是节点靠山侧受拉弯矩，也可能是跨中受拉弯矩。

框架抗剪能力不足：框架梁的截面抗剪强度不足引起剪切破坏，主要是由于截面尺寸偏小或混凝土的强度不足、箍筋数量不足等导致的。一般来说，可能出现最大剪力的位置在节点的上下或左右两侧，在破坏时出现斜向裂缝，如图 2-59 所示。

(a)边坡加固工程震害全景

(b)框架节点剪切破坏

(c)框架梁受弯破坏

图 2-59 锚索框架梁震害

2.5 本 章 小 结

(1)路基边坡震害与地震烈度密切相关。震害主要发生在Ⅸ~Ⅺ度之间的高烈度地区，Ⅷ度烈度区以下的震害数量与严重程度都明显下降。

(2)岩土类型方面，岩质与上土下岩质边坡震害数量超过 50%，发生在山区的汶川地震中发生了大量的滑坡、崩塌、落石，这是汶川地震边坡灾害的典型特点。

(3)随边坡高度的增加，震害数量也在增加；同时震害数量随着坡度的增加而上升，坡度大于 35°、高度大于 20m 的边坡是防护的重点。

(4)线路走向平行于断裂带的边坡震害数量比垂直于断裂带的边坡震害数量大。

(5)设置适当的防护措施能显著降低边坡震害。边坡采用了边坡防护措施的破坏程度明显小于未防护的边坡，有防护的边坡与边坡高度的关系并不明显，而未防护的边坡震害与坡高有正相关关系。

(6)有防护工程的边坡其破坏程度也有差异，有的边坡虽然实施了防护措施，但仍没有达到有效加固边坡的目的，需要综合考虑岩性、组合、风化程度等因素，以便选取合适的防护工程措施。

(7)边坡采用锚固工程后，边坡震害现象明显减少，采用锚索地梁或锚索抗滑桩加固的边坡，具有较好的抗震性能，但也存在锚索、框架梁、边坡岩土体三者之间的变形协调问题，采取措施确保支挡工程与坡体的协调变形是关键的，但其抗震机理有待进一步研究分析。

第3章　锚索框架梁加固边坡的离心机试验研究

由大量的边坡灾害调查可知，若采用锚索框架梁加固边坡，则能大幅降低边坡灾害的发生，有效保障了边坡的稳定性。然而在现行的行业规范中，如《公路路基设计规范》、《铁路路基支挡结构设计规范》和《建筑地基基础设计规范》，均未对框架梁的设计计算给出具体的设计说明。虽然工程师针对锚索框架梁的设计方法开展了研究，但是由于现场测试与室内试验数据积累不足，又由于锚索框架梁与土相互作用的复杂性，往往工程师在设计中采用增大安全系数的方法来规避其对锚索框架梁受力机理认识的欠缺。为了揭示锚索框架梁与土相互作用的机理，探讨锚索框架梁设计方法的适宜性，本章将利用离心机模型试验的方式研究锚索框架梁在静力下的工作原理，并比较分析锚索框架梁设计方法(详见第1章)的适宜性。

3.1　土工离心机模型试验

3.1.1　离心机模型试验的原理

土工离心机通过调整其转速增加离心力来达到模拟原场地的应力状态，从而在室内试验室真实地再现原型场地的应力状态。由于土工离心机模型试验具有可重复性强、试验过程较现场原型试验短的优点，为切实可行地探讨现实边坡体与土工结构的相互作用提供了条件。本节以模拟土体内部某点的自重应力为例，对土工离心机模型试验时的相似指标进行说明。

$$\sigma_{zp} = \gamma H = \rho g H \tag{3-1}$$

式中，ρ 为土的密度；g 为重力加速度；H 为模拟深度；γ 为土体的容重，σ_{zp} 为模拟深度处的自重应力。

以原型材料或替代材料按 $1:n$ 的缩放比例制作试验模型，并将其置于离心力场中，则该点的模型自重应力 σ_{zm} 为：室内试验时边坡体的相似材料取现场原型土体(密度保持不变)，几何尺寸相似比取 n(原型边坡高度 H 与室内试验模型边坡高度 H_m 之比)，假设离心机的旋转加速度为 a，则模拟深度处的自重应力 σ_{zm} 为

$$\sigma_{zm} = \rho a H_m = \rho a \frac{H}{n} \tag{3-2}$$

为使模型试验中的自重应力 σ_{zm} 与原型边坡中的应力 σ_{zp} 相等，令式(3-1)和式(3-2)相等，则得

$$a = ng \tag{3-3}$$

式(3-3)表明了离心机模型试验主要是依靠增加加速度来弥补几何尺寸的减小，从而来达到模型试验应力状态和原型边坡一致的效果。

3.1.2　试验相似率的确定

本书选取几何尺寸 C_l、密度 C_ρ 和离心加速度 C_g 为基本量，按相似三定律导出离心机模型试验的相似常数，具体如表 3-1 所示。

表 3-1　常规物理量的相似常数

物理量	离心加速度	长度	面积	体积	质量	密度	容重	位移	应力、压强	变形模量	渗透系数	时间(渗流)	时间(动力)	速度(动力)	集中力
量纲	LT^{-2}	L	L^2	L^3	M	ML^{-3}	$\frac{ML^{-2}}{T^{-2}}$	L	$\frac{ML^{-1}}{T^{-2}}$	$\frac{ML^{-1}}{T^{-2}}$	LT^{-1}	T	T	LT^{-1}	MLT^{-2}
相似常数符号	C_g	C_l	C_l^2	C_l^3	C_M	C_ρ	C_γ	C_δ	C_σ	C_E	C_K	C_t	C_t	C_υ	C_{cf}
相似常数值	$1/n$	n	n^2	n^3	n^3	1	$1/n$	n	1	1	$1/n$	n^2	n	1	n^2

几何尺寸相似比 n 按式(3-4)确定，即

$$n = \frac{H_p}{H_m} \tag{3-4}$$

约束条件：$H_m \leq \delta_a R_b$

$$a = ng \leq a_{\max} \tag{3-5}$$

$$C = a M_m \leq C_{e\max} \tag{3-6}$$

式中，H_p 为现场原型边坡高度；H_m 为模型试验时设计边坡高度；δ_a 为离心机模型试验时允许梯度误差，取值范围为 10%～15%；R_b 为离心机模型试验的旋转半径；a 为离心机模型试验时拟加载的加速度；$a_{\max}$ 为离心机满载运行时允许最大加速度；C 为离心机模型试验时加载的荷载容量；M_m 为模型试验时设计边坡质量；$C_{e\max}$ 为离心机模型试验时最大有效荷载容量允许值。

离心机模型试验时几何尺寸相似比 n 值的确定是一个反复迭代的过程，在满足式(3-5)和式(3-6)的条件下，应尽可能采用较大的模型几何尺寸相似比，这有利于提高试验精度。

3.1.3　试验模型的制作

　　试验选取直线滑动型边坡(图 3-1)作为研究对象，此类边坡多因人工开挖或河流冲刷切坡等影响而发生直线滑动(图 3-2)，现场多采用抗滑桩、锚索(杆)等措施对其进行加固处理(图 3-3)，将其概化后的模型如图 3-4 所示。

图 3-1　直线滑动型边坡的常见模式

图 3-2　典型直线滑动型边坡图片

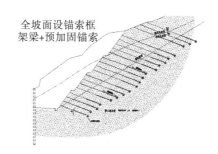

图 3-3　直线滑动型边坡加固示意图

　　该试验在西南交通大学土工离心机试验室进行，该设备的主要性能指标为：离心机容量为 100g·t；最大半径为 3m；有效半径为 2.7m；加速度范围为 10~200g；模型箱有大小两种可采用，大模型箱长 0.8m、宽 0.6m、高 0.6m，小模型箱长 0.6m、宽 0.4m、高 0.4m。本次试验采用大模型箱，如图 3-5 所示。

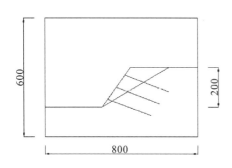

图 3-4　模型试验侧视图(单位：mm)

图 3-5　土工离心机设备

为研究预应力锚索框架梁结构加固直线滑动型边坡的力学特性及受力机制，本书设计 3 组不同的离心机模型试验，分别为岩质边坡、上土下岩边坡和土质边坡。具体制作步骤如下。

(1)在框架梁受拉侧、受压侧和锚索锚固段粘贴应变片，在框架地梁与岩土体接触面埋设土压力计。

(2)比较边坡岩土体材料和预应力大小对框架梁受力特性的影响。

(3)逐级加载，在每级加载稳定后研究不同应力状态下的框架梁的受力特点。

(4)综合已有的研究成果，比较、分析试验结果，为锚索框架梁支护体系的设计计算提供建议。

1)边坡模型尺寸

模型边坡几何尺寸由试验时确定的相似比 n 值确定(图 3-5)，高度为 20cm，底部长度为 80cm，宽度为 60cm。3 组试验时的边坡坡率、滑动面位置和倾角等各自确定，试验中的几何尺寸相似比 n 统一取值为 50。

2)锚索模拟材料及传感器布置

试验时锚索材料若严格按照几何尺寸相似比 n 进行换算，则其直径太小，从而其受力情况也较为困难。为解决上述问题，根据"分离相似"设计方法，通过聚集一定面积范围内的锚索集中统一考虑，试验中的拉力型预应力锚索采用直径 5mm 的细圆钢筋模拟，边坡模型中的锚索长度为 270mm，其中张拉段长 30mm、自由段长 120mm，应变片布置如图 3-6 所示。文献调查可知，锚固段剪应力的分布为单峰值曲线，峰值接近于紧邻自由段一侧的锚固段端部，因此试验中应变片在锚固段前端布置较密、后端较疏。模型试验时的锚索及粘贴完应变片的锚索构件如图 3-7 所示。

离心机试验时选择栅长为 6.8mm、栅宽为 3.8mm，灵敏系数为 2.17±1% 的电阻应变片。粘贴方法为：沿锚索长度 45°方向打磨去除表面氧化层；用丙酮擦拭打磨干净的钢片；用胶水将应变片固定在目标位置；用硅胶密封防水。应变片粘贴完成后应仔细理顺导线并固定，避免导线影响试验数据精度。

为实现对锚索预应力的施加，设计了一套装置，具体如下：在锚索张拉段用攻丝的方法把模型锚索加工成螺杆状，然后在其上套上螺母，旋动螺母施加预应力，通过读取自由段布置的应变片数值来实时控制施加预应力值。

张拉段　　　　锚索自由段　　　　　　锚索锚固段

图 3-6　应变片粘贴位置图

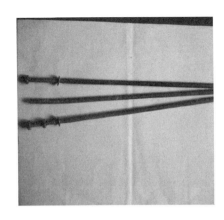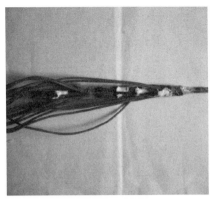

图 3-7　试验时的锚索及粘贴完应变片的锚索构件示意图

3) 框架梁制作及其测试元件布置

由于现场原型框架地梁的厚度一般约为 50cm，经过相似常数换算后的框架梁厚度较薄，而本次试验需借助土工离心机模型试验研究预应力锚索框架的受力特性，因此需要确定替代材料以满足试验的要求。在寻找替代材料时，主要依据变形等效原则。

框架梁在工程实践中主要作为受弯构件使用，相似设计时取其抗弯刚度作为指标进行模拟，通过相似理论进行计算得到模型边坡框架梁可采用截面尺寸型号为 15mm×15mm×1mm（长×宽×高）的不锈钢管来模拟，模拟框架梁的纵梁和横梁尺寸均为 200mm，悬臂端长度均为 30mm，锚索中心点间距为 70mm，具体尺寸如图 3-8 所示。通过测量框架梁两侧对称布置的应变片数据可得到梁体各截面处的弯矩，应变片具体布置示意图如图 3-9 和图 3-10 所示。

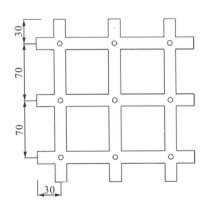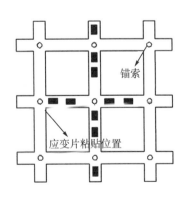

图 3-8　框架梁平面布置图（单位：mm）　　图 3-9　应变片粘贴位置示意图

图 3-10   粘贴完应变片后的框架梁模型

4）框架梁底土压力计布置

框架梁尺寸确定和配筋设计主要依据边坡体与框架梁的接触反力分布形式和大小确定，其作用方向垂直于框架梁与边坡体接触面，沿纵、横梁长度方向呈非均匀分布，接触反力的分布曲线及大小与预应力、框架梁与边坡岩土体的刚度比密切相关。认清外力的分布特征是改进锚索框架梁工程设计计算方法的基础，本节采用微型土压力盒监测框架梁底部的接触反力，具体布置如图 3-11 所示。

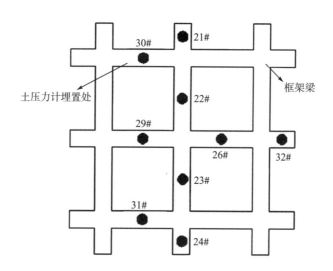

图 3-11   框架梁体微型土压力盒布置图

5）离心机试验加载

本次离心机模型试验设计了 3 种不同岩性边坡体，研究框架梁受力特性及其差异，试验分别为直线滑动型岩质边坡、上土下岩边坡和均质土坡。

锚索框架梁加固直线滑动型岩质边坡试验模型为：模型边坡高度为 20cm，宽度为 60cm，坡顶长度为 32cm，坡率 1：0.75，模型底部基岩体的长度为 80cm，坡顶风化岩土体的长度为 20cm；基岩采用素混凝土模拟，软弱结构面上部的风化岩体采用河砂、石膏、黏土和水按照质量比 7.5：2：2：0.9 进行配制；风化岩体和基岩之间插入硬质塑料薄膜来模拟软弱结构面，软弱结构面角度为 45°，在塑料薄膜上部涂抹凡士林以降低结构面上的内摩擦角。试验加载工况 1 制作完成后，加固边坡体模型如图 3-12～图 3-14 所示。

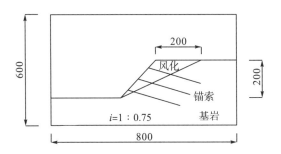

图 3-12 工况 1 模型尺寸图（单位：mm）

图 3-13 工况 1 微型土压力盒布置图

图 3-14 工况 1 制作完成后的加固边坡体模型

锚索框架梁加固上土下岩边坡体的模型试验为：将工况 1 试验模型的风化岩土体换为采用河砂、黏土和水配制的上覆土，其他不变，边坡模型尺寸如图 3-15 所示。

锚索框架梁加固均质土坡的模型试验为：模型边坡高度为 20cm，宽度为 60cm，坡顶长度为 32cm，坡率为 1：0.75，模型底部基岩体的长度为 80cm；边坡体采用河砂、黏土和水按照质量比 1.5：1：0.35 配制。试验加载工况 3 制作完成后加固边坡体模型如图 3-16～图 3-18 所示。

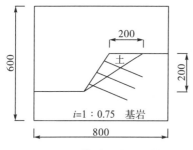

图 3-15　工况 2 模型尺寸图（单位：mm）

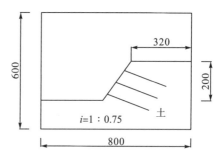

图 3-16　工况 3 模型尺寸图（单位：mm）

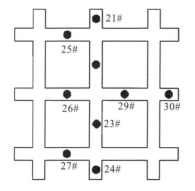

图 3-17　工况 3 微型土压力盒布置图

图 3-18　工况 3 制作完成后的均质土坡试验模型

　　加载过程：离心机运转前需要对锚索施加预应力，通过读取锚索自由段应变片数据实时监测预应力施加值大小，待达到设计值时停止加载；启动离心机设备，待旋转加速度达到 20g 时，稳定运行至少 10min，采集模型试验中传感器数据；旋转加速度按照 10g 间隔依次提高，直到旋转加速度达到 70g 时停止加载，试验过程中待旋转加速度达到 50g 时离心机需稳定运行至少 30min，采集相应的试验数据，其他旋转加速度时离心机至少稳定运行 10min，采集相应数据；试验结束。离心机模型试验时的旋转加速度加载曲线如图 3-19 所示。

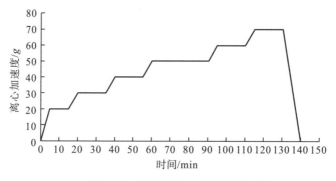

图 3-19　离心试验加载过程示意图

3.2　离心模型试验数据分析

3.2.1　弯矩

按照材料力学的假设取框架梁受拉侧为正，受压侧为负，根据框架梁体上实测的应变片数据计算得到梁体各截面的弯矩分布图。图 3-20 和图 3-21 所示分别为离心机旋转加速度达到 50g、锚索预应力为 400kN 时的框架梁纵、横向弯矩分布形式。通过实验数据分析可知，对于纵梁而言，在锚头附近将出现较大的正弯矩，在梁体中部截面产生负弯矩，纵梁沿边坡高度方向表现出受拉和受压的双重特性。横梁的受弯特性与纵向较相像，此处不再赘述，具体如图 3-21 所示。

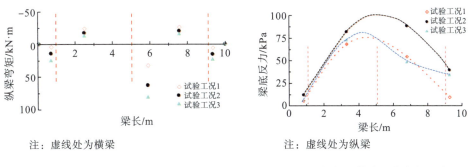

注：虚线处为横梁　　　　　　　　　　　注：虚线处为纵梁

图 3-20　框架梁纵向梁体弯矩分布　　　　　图 3-21　框架梁横向梁体弯矩分布

试验工况 1、2、3 分别研究了锚索框架梁加固不同岩性边坡体的受力特性，3 种工况下的边坡岩土体地基反力系数的大小依次为：工况 1>工况 2>工况 3。对比分析图 3-20 和图 3-21 中的弯矩值大小可知，梁截面尺寸相同的情况下，在同样大小的预应力作用下梁身弯矩值截然不同，具体表现为：正弯矩时，工况 1<工况 2<工况 3，负弯矩时，则相反。本节试验结论可为框架梁身截面尺寸和配筋计算提供定性参考。

3.2.2　土压力

在离心机旋转加速度为 50g、预应力为 400kN 时，3 种工况下框架梁纵向梁体底部接触面土压力分布形式如图 3-22 所示。由图可知，岩土体地基系数的不同对框架梁底部接触反力的分布形式不产生影响，但对其数值大小产生明显作用。框架梁底部与边坡体之间的接触反力在两锚索之间的梁体中部截面最大，而在锚头附近较小，呈明显的抛物线形分布，这与框架梁设计时假定的受力分布曲线(均匀分布或线性分布)不同。值得注意的是，离心机模型试验制作过程中出现的坡面不平整、岩土体松散破碎程度与假设不符时均将对试验数据产生较大影响。

　　边坡岩土体地基反力系数的不同对接触反力数值大小的影响主要表现为：地基反力系数越大，结构与土体之间的接触反力越小。例如，图 3-22 所示的试验加载工况 2 对应的沿梁长分布的土压力数值最大，而模型相似设计时假定的加载工况 2 地基反力系数最小；试验加载工况 1 对应的直线滑动型岩质边坡地基反力系数最大，而其土压力测量值沿梁长的分布均小于工况 2 和工况 3。

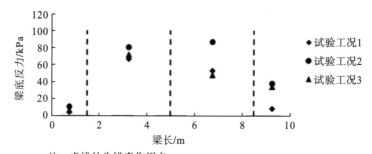

注：虚线处为锚索作用点

图 3-22　框架梁纵向梁体底部反力测试结果

3.2.3　预应力对弯矩影响

　　本节在离心机模型试验加载过程中通过改变锚索预应力的大小来探讨其对框架梁梁身弯矩的影响。试验过程中加载的预应力值分别为 144kN、256kN、400kN，监测点分别位于框架梁纵梁上的 0.35m、2.1m、5.85m 和横梁上的 2.6m、4.0m、6.1m、7.5m，试验结果如图 3-23 和图 3-24 所示。在锚索框架梁加固边坡体的设计时，固定框架梁纵横向间距、梁体横截面尺寸和土体性质等条件的前提下，框架梁身所受的正、负弯矩均随着锚索初始预应力值的增加呈线性增大趋势，预应力加载值越大梁身各截面弯矩值的变化幅度越大。在预应力锚索框架梁的设计时，应综合考虑预应力取值大小和框架梁截面尺寸的关系。

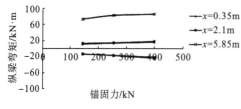

图 3-23　框架梁纵向梁体弯矩随预应力的变化关系

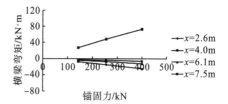

图 3-24 框架梁横向梁体弯矩随预应力的变化关系

3.2.4　与理论计算结果对比

目前在预应力锚索框架梁身弯矩和结构与岩土体接触面反力的计算时经常采用的方法有初参数法、长梁法和刚性梁法等，本节以 3.1 节的离心机试验模型为例分别按照上述方法进行计算，并与试验结果进行对比分析，为锚索框架梁的工程设计筛选出较合理的计算方法。锚索框架梁的间距、横截面尺寸、锚索初始预应力的大小等参数见 3.1 节，不同性质岩土体的地基反力系数取值如表 3-2 所示。在试验加载工况 1~3 时，框架梁纵梁上的弯矩分布曲线分别图 3-25~图 3-27 所示，框架梁纵梁上的基底反力分布曲线分别如图 3-28~图 3-30 所示。为了清楚地表达各种方法计算结果的差异性，按照初参数法、长梁法和刚性梁法计算的理论结果与模型试验测量值的相对误差从上到下依次列在图中的虚线表中。

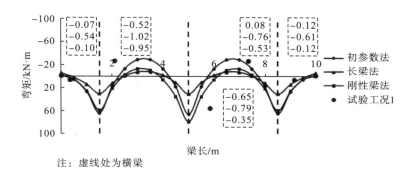

图 3-25　试验工况 1 纵梁弯矩比较结果

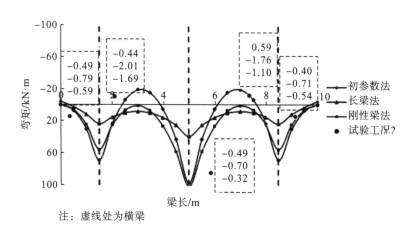

图 3-26　试验工况 2 纵梁弯矩比较结果

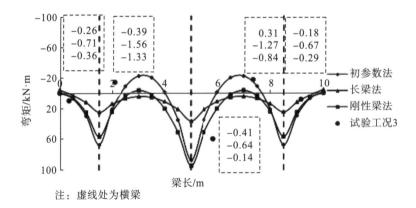

图 3-27　试验工况 3 纵梁弯矩比较结果

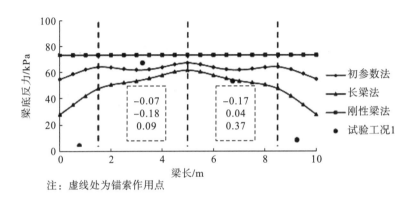

图 3-28　试验工况 1 纵梁基底反力比较结果

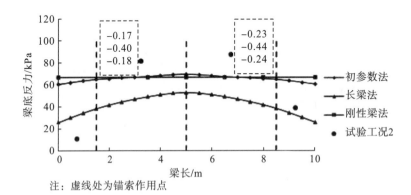

图 3-29　试验工况 2 纵梁基底反力比较结果

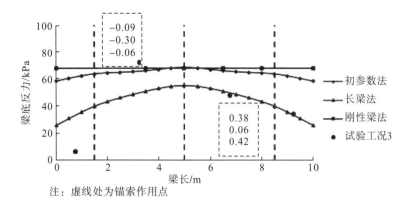

图 3-30　试验工况 3 纵梁基底反力比较结果

表 3-2　地基反力系数 K 取值表

地基特性	土类	$K(10^3\text{kN/m}^2)$
土层	稍密	15～25
	中密	25～40
	密实	50～100
岩石	软质岩石、中等风化硬岩石	200～1000

由图 3-25～图 3-27 可知，采用常规理论方法计算得到的框架纵梁梁身弯矩分布曲线与离心机模型试验结果基本一致，梁身截面沿框架梁长度方向交替出现正、负弯矩值，但各自的计算结果与模型试验值存在一定量的相对误差。从计算结果的相对误差量值上来看，长梁法>初参数法>刚性梁法，误差范围分别为-1.5～-0.5、-0.5～0.5 和-0.5～0，但在试验加载工况 2 时刚性梁法计算结果表明梁身并未出现受压，这与实际不符。

由图 3-28～图 3-30 可知，采用刚性梁法计算得到的基底反力分布曲线为直线，这与实际情况不符，长梁法与初参数法计算得到的框架梁基底地基反力分布曲线为非均匀分布，呈中间大两头小的形式，与实验结果较一致。由理论计算结果与模型试验监测到的土压力值大小可知，长梁法的计算结果最小，与模型试验实测数据的误差最大，而刚性梁法和初参数法与试验结果更接近，误差范围为-0.2～0.2。

综上分析，比较这 3 种计算方法与模型试验实测值之间的差别可知，采用刚性梁法进行框架梁的受力分析时，计算过程简单，框架梁弯矩计算值、梁底地基反力与试验实测值间的误差最小，但框架梁底部地基反力分布曲线与实际情况不符；长梁法计算得到的框架梁身弯矩值及地基土压力值分布曲线与实测值一致，但数值偏小、误差范围最大，难以真实地反映框架梁-土体相互作用的受力特性；

基于 Winkler 假定的初参数法计算结果分布特性及数值大小与模型试验实测结果最为接近，能够切实反映土体-结构之间相互作用的工作性能，该计算方法明显优于其他两种方法。作者建议在锚索框架梁的设计计算时可优先采用 Winkler 初参数法。

3.3 数值计算验证

现阶段在预应力锚索框架梁的内力计算时，通常将其拆分为单个梁体进行简化计算，依据锚索节点处的静力平衡、位移协调进行求解。但这一假设难以考虑节点处转角、扭矩的影响，以及预应力之间的相互作用。本节借助数值模拟软件 FLAC3D 求解预应力锚索框架梁加固边坡体时框架梁的受力特性，弥补模型试验时仅能布置少数监测点的问题。

3.3.1 模型建立

FLAC3D 数值计算模型参照 3.1 节的模型试验尺寸，为简化数值计算过程本节仅计算试验工况 3 锚索框架梁加固均质边坡体，数值模型构建的边坡长度为 40m、宽度为 30m、高度为 10m，坡率为 1∶0.75，纵梁和横梁长度分别为 10m，共布置 3 排竖梁和 3 排横梁，共计 9 孔锚索，水平向及垂直向间距均为 3.5m，悬臂段长度为 1.5m，如图 3-31 所示。

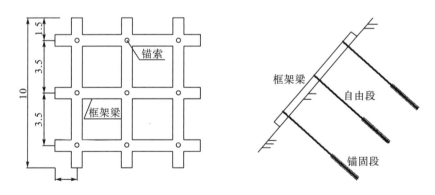

图 3-31　数值计算时锚索框架梁尺寸布置简图(单位：m)

图 3-32 所示为三维计算模型示意图。

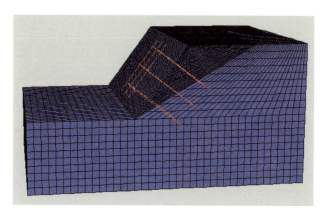

图 3-32　三维计算模型示意图

3.3.2　参数选取

数值模拟时选取合适的本构模型决定了计算结果的合理性，本节边坡体采用实体单元，应力应变关系采用 Mohr-Coulomb，框架梁采用 Beam 单元模拟，锚索采用 Cable 单元模拟，计算时采用的边坡岩土体参数和结构单元参数如表 3-3 和表 3-4 所示。

表 3-3　边坡岩土体基本参数

密度/(kg/m³)	体积模量/MPa	剪切模量/MPa	黏聚力/kPa	内摩擦角/°	剪胀角/°
2400	50	25	30	30	0

表 3-4　结构单元基本参数

梁单元	弹性模量/GPa	泊松比	横截面积/m²	极惯性矩/m⁴	y 轴惯性矩/m⁴	z 轴惯性矩/m⁴
	30	0.25	0.36	0.0216	0.0108	0.0108
锚索单元	弹性模量/GPa	横截面积/m²	水泥浆单位黏结力/(N/m)	水泥浆摩擦角/°	水泥浆单位刚度/(N/m²)	水泥浆外周长/m	抗拉强度/kN
	190	1.5336e-3	2.5e6	20	3.0e8	0.1389	1200

3.3.3　结果分析

为进一步扩大离心机模型试验的研究成果，数值模拟计算时除监测框架梁纵向和横向梁体的弯矩之外，还增加了梁体剪力和位移的监测。框架梁纵梁截面上的弯矩、剪力和位移沿梁长方向的分布如图 3-33～图 3-35 所示，横梁截面上的弯矩、剪力和位移沿梁长方向的分布如图 3-36～图 3-38 所示。其中，位移以正 z 方向为"+"。

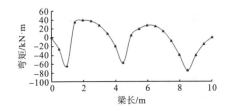

图 3-33　纵梁截面弯矩沿梁长分布

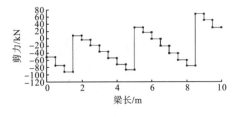

图 3-34　纵梁截面剪力沿梁长分布

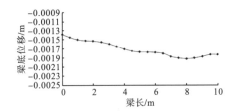

图 3-35　纵梁截面位移沿梁长分布

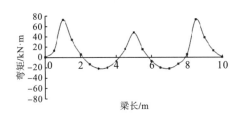

图 3-36　横梁截面弯矩沿梁长分布

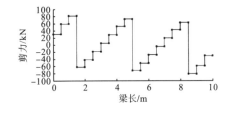

图 3-37　横梁截面剪力沿梁长分布

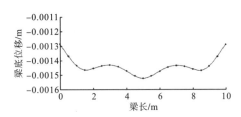

图 3-38　横梁截面位移沿梁长分布

　　由框架梁纵梁上的受力变形特性分布曲线可知，纵梁截面上的位移变形值随着高程的增加而呈非线性增大趋势，即在坡顶最大、坡脚最小。这与理论计算结果的对称分布形式不同，产生这种差异性的主要原因是在求解框架梁底部位移时忽视了原存应力场的影响，假设框架梁截面上的内力和位移对称分布。对于框架梁纵梁上的弯矩分布曲线，数值计算结果与模型试验较一致，即沿梁长方向正、负弯矩值交替出现，数值计算结果得到的锚头处最大弯矩值为-80kN·m，相邻锚索作用点之间的框架梁中部最大弯矩值为40kN·m，锚头预应力施加位置处的剪力最大。

　　FLAC3D 数值计算得到的框架梁沿横梁方向的截面弯矩值、剪力分布曲线、梁体位移分布规律与离心机模型试验和理论计算值基本一致(具体如图 3-36～图3-38 所示)，梁体表现出既受拉又受压的特性，剪力和梁体变形最大位置发生在锚头附近。横梁所受的内力、位移分布与理论计算结果一致，符合对称假设，因此可以认为横梁所受的应力水平相同，这与纵梁受力特性不同。

　　框架梁横梁上与轴线方向垂直的梁身截面弯矩和剪力(简称侧向)分布曲线如图 3-39 和图 3-40 所示。由计算结果可知，横梁上的侧向弯矩和剪力值较大，这一结论与现有设计方法中不考虑框架横梁侧向受力不一致，因此在工程实践中为降低预应力锚索框架梁服役过程中的安全风险，应考虑横梁的侧向荷载作用。而框架梁纵梁上的侧向弯矩值和剪应力值较小，现行设计规范不考虑其影响是切实可行的。

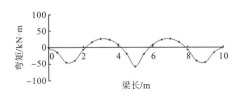

图 3-39　框架梁横梁的侧向弯矩分布

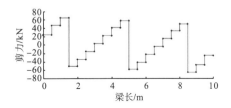

图 3-40　框架梁横梁的侧向剪力分布

　　为研究初始预应力施加值大小对框架梁受力特性分布规律的影响，对锚索框架梁加固三维数值模拟边坡体分别施加 300kN、400kN 初始预应力，计算结果如图 3-41～图 3-43 所示。从图中可以看出，预应力施加值的大小对框架梁横梁截面上的弯矩和剪力分布曲线形状无明显影响，其受力特性的不同仅体现在量值的大小上。随着初始预应力值的增加，沿横梁长度方向各截面的弯矩值增加，并且锚头附近的弯矩增加幅度明显大于其他位置，这与 3.2 节离心机模型试验结果一致。在预应力锚索框架梁的设计时，应综合考虑预应力施加值大小对框架梁工作性能的影响。

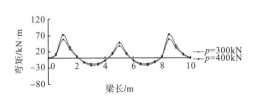

图 3-41　预应力数值对框架梁横梁弯矩影响

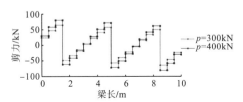

图 3-42　预应力数值对框架梁横梁剪力分布影响

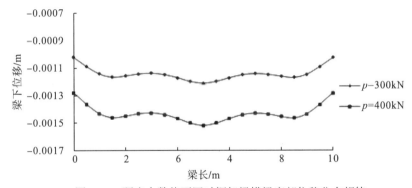

图 3-43　预应力数值不同时框架梁横梁底部位移分布规律

3.4　本 章 小 结

（1）预应力锚索框架梁加固直线滑动型岩质边坡、上土下岩边坡和均质土坡的离心机模型试验表明：框架梁截面的弯矩沿梁长方向表现出受拉和受压的双重特性，锚头附近出现较大的正弯矩，梁体中部截面产生负弯矩；框架梁底部与边坡体之间的接触反力在两锚索之间的梁体中部截面最大，而在锚头附近较小，呈明显的抛物线形分布，这与框架梁设计时假定的受力分布曲线（均匀分布或线性分布）不同；锚索初始预应力大小和边坡岩土体的地基反力系数对框架梁的受力特性分布曲线影响较大，地基反力系数越大则土压力越小、梁身截面的正弯矩越小而负弯矩越大。

（2）利用 FLAC3D 数值计算扩展离心机模型试验结果，并与现有框架梁理论计算方法进行了对比分析，得出以下结论。

①采用刚性梁法进行框架梁的受力分析时，计算过程简单，框架梁弯矩计算值、梁底地基反力与试验实测值间的误差最小，但框架梁底部地基反力分布曲线与实际情况不符。

②长梁法计算得到的框架梁身弯矩值及地基土压力值分布曲线与实测值一致，但数值偏小、误差范围最大，难以真实地反映框架梁-土体相互作用的受力特性。

③基于 Winkler 假定的初参数法计算结果分布特性及数值大小与模型试验实测结果最为接近，能够切实反映土体-结构之间相互作用的工作性能，该计算方法明显优于其他两种方法，建议在锚索框架梁的设计计算时优先采用。

第4章 锚固体动态拉拔试验研究

通过汶川地震边坡震害调查及统计分析可知，有防护措施边坡的震害程度及数量明显低于无防护边坡，锚杆、锚索及框架梁(地梁)边坡防护结构具有良好的抗震性能，但仍存在个别锚束体失效的案例，因此有必要对此结构进行进一步研究。现有边坡锚固研究大多针对整体边坡中的锚固系统采用室内振动台试验或数值仿真的方法进行研究。然而在实际工程中，边坡在地震作用下的动力特性极为复杂，锚固结构所受到的外荷载经边坡"滤波"后，这些波与锚固系统产生相互作用，相互作用的程度受输入地震动特性和边坡自身特性的控制，因此认识单个锚索的抗震性能十分必要。

为了研究单一锚固系统的抗震特性，本章设计了多组室内锚固系统的动力加载试验，试验构件主要由锚束体、灌浆体和基体组成。其中，为了便于试验加载及弱化边坡特性的影响，试验基体形状设计为圆柱体，地震荷载用正弦波代替。参考 SEAOSC 针对建筑结构中锚固结构的简化试验方法及 Seed 等提出的等效剪应力法，确定按照每级循环 5 次逐级递增的加载方案进行试验设计。此外，为了研究锚束体失效和灌浆体失效两种较为常见的破坏模式(尤其是针对汶川地震震害调查中出现的锚头失效的情况)，设计了锚固系统的各部件强度及尺寸，使系统的锚束体-灌浆体强度小于灌浆体-基体强度，以此对试验破坏模式进行一定的限制来确保研究成果的单一性。

基于上述设计原则，通过室内试验，主要研究了单一锚固结构在简化地震荷载下的动力特性，主要研究目标如下。

(1)破坏模式。

(2)界面黏结力的分布变化情况。

(3)参数影响研究，如锚固长度、荷载频率、动静荷载比。

4.1 试 验 简 介

锚固体系统内部的黏结界面的特性是锚固设计的最重要参数之一，目前在国内边坡锚固设计规范中，假设锚固系统内部黏结界面上的应力为均匀分布，然而这与现有的静力锚固体拉拔试验结果存在明显的差异。当锚固体受到地震作用时这种差异可能会进一步增大，而现有的规范并未在设计锚固体承载力时考虑地震荷载的特殊性。实际工程中，由于边坡锚固体系在设计时通常考虑了较大的安全系数，因此在经历地震后(如前述汶川地震震害调查结果)仅有较少的锚固体发生失效。尽管现有的保守设计方法能保证通常情况下锚固体有足够的抗震性能，但是由于地震自身的特殊性、随机性及锚固体失效后的巨大潜在风险，仍有必要定量分析锚固系统的抗震能力。因此，本研究开展了多组室内简化模型试验，通过试验完成了上述预定试验研究目的。

4.1.1　试验材料与监测元件

试验模型主要由筋材、水泥灌浆体和混凝土基体三部分组成。其中，采用钢筋模拟锚杆(或拉力型锚索)，水泥砂浆模拟灌浆体，混凝土模拟中硬强度的完整岩体(基体)。试验材料的具体参数如下。

(1)筋材为 $\Phi16$II 级螺纹钢筋，张拉受力段长 10cm。试验设计了 4 种锚固长度，分别为 $10d$、$15d$、$17.5d$ 和 $20d$(其中 d 为钢筋直径)。

(2)灌浆材料为水泥砂浆，其配合比为水泥∶砂∶水=1∶2∶0.45，强度等级为 M30，灌浆孔径为 70mm。

(3)采用 C30 混凝土模拟中硬完整岩体。

为了测试锚固体系在界面上黏结力的分布规律与传递特性，用箔式胶基应变片作为主要测试元件，尺寸为 2mm×3mm。在锚固段的筋材-灌浆体界面和灌浆体-基岩界面沿全长方向均粘贴应变片，监测界面上的剪应力分布和传递规律。应变片的粘贴位置为从灌浆孔口处向锚固端深处布置，4 个试验工况中锚固长度与应变片粘贴位置如表 4-1 所示。

表 4-1　测试元件粘贴位置

编号	锚固长度/mm	应变片粘贴深度/mm									
1	160	10	20	30	50	90	130				
2	240	10	20	30	50	90	130	170	210		
3	280	10	20	30	50	90	130	170	210	250	
4	320	10	20	30	50	90	130	170	210	250	290	310

按照试验目的所述，为了控制试验的预期破坏模式，如锚束体失效或锚束体与灌浆体界面失效，需要确保试验设计的锚束体-灌浆体界面强度小于灌浆体-基体界面强度，为此依据《岩土锚杆(索)技术规程》中推荐的：当砂浆强度等级为M25～M40 时，水泥砂浆与螺纹钢筋的黏结强度标准值为 2～3MPa 的要求；当岩石单轴饱和抗压强度为 30～60MPa 时，推荐强度等级为 M30 的水泥砂浆其黏结

强度取 1.2～1.6MPa。本试验设计的锚束体、灌浆体基本符合上述取值条件，具体验算结果如下。

锚束体为直径 16mm 的螺纹钢筋，锚束体-灌浆体界面单位长度抗力为锚束体周长与锚束体-灌浆体黏结强度标准值（此处取均值 2.5MPa）的乘积：$F = 2 \times \pi \times 8 \times 2.5 \approx 0.126\text{MN/m}$。灌浆体孔径为 70mm，灌浆体-基体界面单位长度抗力为灌浆体周长与灌浆体-基体黏结强度标准值（此处取均值 1.4MPa）的乘积：$2 \times \pi \times 35 \times 1.4 \approx 0.308\text{MN/m}$。上述计算结果表明，试验锚固体设计满足前述目标：锚束体-灌浆体界面强度小于灌浆体-基体界面强度。

4.1.2　试件制作

为了保证各组成子系统的可靠与监测元件的粘贴质量，整体岩体-砂浆-锚束体系统的制备过程与现场实际锚固体的施工过程相反，具体为：首先加工锚束体；然后制作砂浆-锚束体；最后制作岩体-砂浆-锚束体。试件的详细制作过程如下。

(1) 钢筋预处理：采用打磨工具将钢筋需要粘贴应变片的两侧打磨光滑。

(2) 应变片粘贴：粘贴前用砂纸对在预先设计的粘贴位置进行人工打磨并做标记。采用 502 胶水在标记处粘帖应变片，粘贴后采用点焊固定链接数据线，最后在应变片上加防水胶和环氧树脂进行防水处理并放置于通风处。

(3) 锚杆-砂浆体系：为了保证锚杆在砂浆层内保持居中，制作了一个垫片并装配在锚杆一端用来固定。采用 PVC 管作为模具，将防水层风干完毕的锚杆一端装上垫片再套上模具进行浇注，待砂浆养护完成后锯开模板，得到锚杆-砂浆体系。随后在砂浆表面的固定位置处(粘贴位置同钢筋相同)粘贴应变片，粘贴前对指定位置进行打磨，采用 502 胶水粘贴应变片，再点焊连接数据线，最后用防水胶和环氧树脂进行防水处理。

(4) 灌浆体-基体体系：为了保证灌浆体在混凝土模拟的岩体中居中，制作了承拉板、预埋螺栓和垫板作为固定辅助装置。首先将灌浆体在垫板和承拉板上固定；然后套上模具后浇注混凝土，待混凝土养护完成后锯开模板得到试验的最终试件。

图 4-1 所示为锚固体制作流程示意图。

(a)打磨后的钢筋　　　　　　(b)应变片粘贴　　　　　　(c)垫片和模具

(d)浇注砂浆　　　　　　　　(e)应变片和数据线粘贴　　　　　(f)最终锚固体试件

图 4-1　锚固体制作流程示意图

图 4.2 所示为灌浆体制作流程示意图，图 4-3 所示为基本制作流程示意图。

  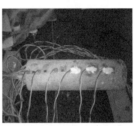

(a)锯开模板　　　　　　　　(b)锚杆–砂浆体　　　　　　(c)砂浆表面粘贴应变片

图 4-2　灌浆体制作流程示意图

(a)承拉板　　　　　　　　　(b)固定模板　　　　　　　　(c)最终试件

图 4-3　基体制作流程示意图

4.1.3　加载工况

　　试验时将试件水平固定在台座上并用美国 MTS 系统对试件施加拉应力荷载，采用往复循环荷载来等效地震力对锚固体的轴向作用。选定等效循环次数为 5 次一级，并逐级增加加载幅值。根据实际工程中锚固体的受力特点，加载过程中仅对试件施加拉力。

　　试件示意图如图 4-4 所示，试验加截拉力装置示意图如图 4-5 所示。

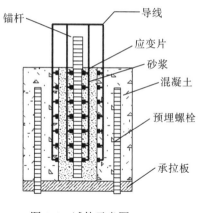

图 4-4　试件示意图

（图中标注：锚杆、导线、应变片、砂浆、混凝土、预埋螺栓、承拉板）

图 4-5　试验加载拉力装置示意图

　　进行循环加载前先对试件施加预应力，然后对试件施加正弦荷载，每级荷载循环 5 次，加载频率分为 1Hz 和 2Hz 两种工况。选择这个频率范围是因为该荷载频率与一般地震荷载主频相一致。按照前述估算锚束体-灌浆体界面上的黏结强度为 0.126MN/m，则对于锚固长度为 320mm 的试件其锚杆抗拔力约为 40.32kN，选定初始预加应力为预估抗拔力的 15%，加载一级后按每级幅值递增 0.5kN 加载直至试件破坏，加载示意图如图 4-6 所示，试件尺寸与加载工况如表 4-2 所示。

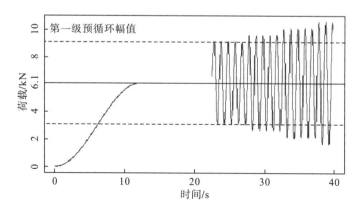

图 4-6　加载工况示意图

表 4-2　试件尺寸及加载工况参照表

试件编号	锚固长度/mm	灌浆孔径/mm	加载频率/Hz	预应力/kN
1	320	70	1	6.1
2	320	70	2	6.1
3	280	70	1	6.1
4	280	70	2	6.1

试件编号	锚固长度/mm	灌浆孔径/mm	加载频率/Hz	预应力/kN
5	240	70	1	6.1
6	240	70	2	6.1
7	240	70	1	7.6
8	240	70	静力	—
9	160	70	1	6.1
10	160	70	2	6.1

4.2 试验成果分析

4.2.1 试件破坏模式

室内试验共开展了 10 个试件共计 10 组工况的试验，各试件的具体试验成果汇总如表 4-3 所示。

表 4-3 试件破坏模式统计表

试件编号	锚固长度/mm	加载频率/Hz	试验最终荷载/kN	加载点位移/mm	破坏模式
1	320	1	68.44	2.41	锚杆拔出
2	320	2	61.52	3.03	锚杆拔出
3	280	1	97	—	锚杆拔出
4	280	2	74	3.88	锚头断裂
5	240	1	67	2.57	锚杆拔出
6	240	2	94	—	锚杆拔出
7	240	1	67.59	2.69	锚头断裂
8	240	静力	63.2	2.16	锚杆拔出
9	160	1	62.3	4.92	锚杆拔出
10	160	2	—	—	—

与前文试验设计一致，试件的破坏模式主要为锚束体失效(锚头断裂)和锚束体-灌浆体界面失效(锚杆拔出)，试件失效示意图如图 4-7 和图 4-8 所示。

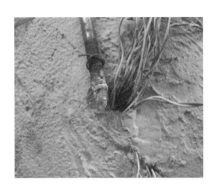

图 4-7 锚固试件失效示意图（锚头断裂）

图 4-8 锚固试件失效示意图（锚杆拔出）

从图 4-7 中可以看出，锚头断裂发生在锚固段靠近孔口处，并且离孔口有一定的距离。此时，混凝土基体表面未见有明显的开裂情况，说明锚固体系的失效主要是由于锚固体自身强度不足的原因所致。由于锚固系统受力时，锚固体上黏结应力的分布不均匀，对于拉力型锚杆其峰值通常分布在靠近孔口处，因此锚头断裂的位置也分布在靠近孔口处是合理的。同量级不同加载频率的两组对照试验（试件编号 3 和 4），由于荷载加载频率不同，试件的破坏形式发生了改变。

从图 4-8 中可以看出，发生锚杆拔出时，锚杆本身结构较为完整，而混凝土基体表面出现较明显的开裂。此外，拔出的锚杆上附着有碎裂的砂浆，说明体系的失效首先出现在锚固体-灌浆体界面。随着锚固体拔出，失效区域逐渐传递至周边混凝土基体并引起其表面开裂。

4.2.2 轴向抗拔力与变形

试验过程中发现，在制件过程中的不可控因素、试验设备匹配和误差等，导致部分试验成果存在较大的误差。为了保证分析结果的合理性、可靠性，选择其中的试件编号1、2、7、8、9共5组进行分析对比，如图4-9～图4-13所示。

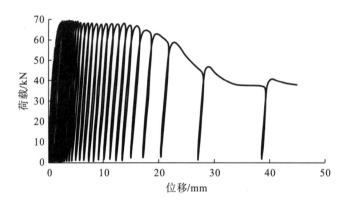

图4-9　试件1(锚固长度320mm，加载周期1s)荷载-位移图

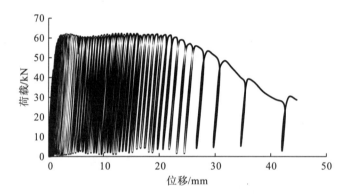

图4-10　试件2(锚固长度320mm，加载周期0.5s)荷载-位移图

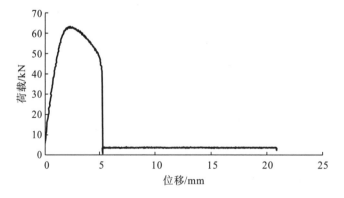

图4-11　试件8(锚固长度240mm，单调加载)荷载-位移图

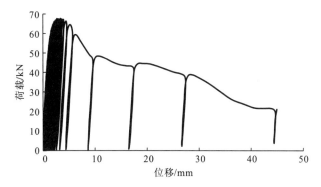

图 4-12　试件 7(锚固长度 240mm，加载周期 1s，加载工况 2)荷载-位移图

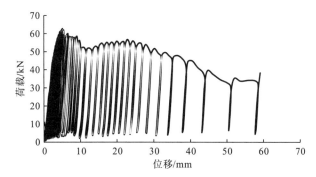

图 4-13　试件 9(锚固长度 160mm，加载周期 0.5s)荷载-位移图

从图 4-9～图 4-13 中的结果可以发现，锚固体试件进行单调加载时破坏模式表现为脆性破坏，而进行循环加载时破坏模式为延性破坏。两种加载方式对破坏模式的主要影响集中在峰值后的下降段内。对照图 4-7 和图 4-8 所示的破坏图片，单调加载的破坏主要为锚头断裂，而循环加载的破坏主要为锚杆拔出。针对重复加载工况，试件的受力变形主要分为 4 个阶段：弹性阶段；塑性初始段；峰值发展段；延性变形段。与单调加载相比，重复荷载作用下主要区别体现在第 3 阶段和第 4 阶段。进入第 3 阶段后，试件的承载力在达到峰值后并未迅速下降，承载力保持稳定位移不断增长，当位移达到一定程度后，进入第 4 阶段表现为承载力开始下降，此时试件的破坏位移明显大于单调荷载作用下试件的破坏位移。这说明试件在进入破坏失效时具有更好的延性状态，对于锚固体系的整体安全性有利。对比图 4-9 和图 4-10 可以看到，提高加载频率，试件的峰值承载力下降了约 15%。此外，不同加载频率下，锚固体加载达到峰值后，在峰值状态位移的发展规律有较明显差异。增大加载频率后，锚固体在峰值状态下位移的发展明显增大，而频率较小的试件则在峰值状态下发展一定位移后强度先于高频率的另一组试件下降。由于地震荷载通常能量较大的频率主要集中在 0～10Hz 内，因此根据上述结果建议，设计时应当在考虑地震荷载峰值 PGA 的基础上，进一步考虑加载频率对

锚固体承载力峰值及破坏发展趋势的影响。

4.2.3 锚束体-灌浆体界面黏结分析

本节针对试验数据较好的试件 1 和试件 2 进行分析，主要分析其锚束体-灌浆体界面上预埋应变片在加载过程中实时测得的应变数据，以此得到加载过程中界面黏结力的分布、传递规律。

选择 L=320mm、T=1s 的试验试件实测值 τ_1 ［应变换算为应力计算公式如式(4-1)所示］与理论解 τ_2 ［如式(4-2)所示］进行对比，比较动荷载作用下界面剪应力的分布特征，计算简图如图 4-14 所示。

$$\tau_1 = \frac{\varepsilon \times E \times A_s}{\pi \times d \times \Delta L} \tag{4-1}$$

$$\tau_2 = \frac{P}{\pi a} \times \frac{tz}{2} \times \exp\left(-\frac{1}{2}tz^2\right) \tag{4-2}$$

$$t = \frac{1}{(1+\mu)(3-2\mu)a^2}\left(\frac{E}{E_a}\right) \tag{4-3}$$

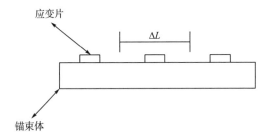

图 4-14　计算简图

式中，ε 为应变值；E 为钢筋弹性模量；A_s 为钢筋面积；d 为钢筋直径；ΔL 为应变片测值有效范围；P 为锚杆端头所受的拉拔力；a 为锚束体半径；z 为锚固长度；μ 为泊松比；E 为基体弹性模量；E_a 为锚束体弹性模量。

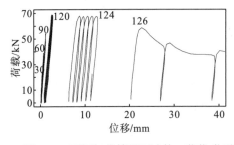

图 4-15　不同加载等级下试件 1 荷载-位移图

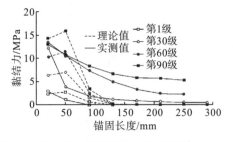

图 4-16　实测值与理论值比较

图 4-15 所示为试件 1 加载过程中，部分加载等级对应该级(5 次循环内)的受力变形图。图 4-16 给出了试件处于弹性阶段时的第 1 级、第 30 级、第 60 级和第 90 级加载条件下得到的最大值与上述理论计算值的比较结果。可见，理论值第 30 级、第 90 级的峰值较实测值偏大，但两者剪应力的分布形式均呈现出单峰值特性，锚固段端头附近出现剪应力集中的现象。而试验测试数据得到的有效锚固段长度明显大于理论计算值，约为理论值的两倍。筋材与灌浆体界面上由摩擦力、机械咬合力、化学胶着力构成的应力的变化规律随着外荷载的增大和界面脱黏的发生三者均不断变化，其三者之间的转化过程可描述如下。

弹性变形阶段的锚固体系黏结力以化学胶着力为主，另外两项为辅；弹塑性变形阶段即界面出现初期滑移时化学胶着力基本不变，而此阶段内由于体系变形增速加快，机械咬合力和摩擦力开始增大；当体系进入塑性流动阶段，灌浆体内产生破裂现象，摩擦力和机械咬合力迅速增大而化学胶着力快速下降；当体系进入界面完全脱黏阶段时，化学胶着力丧失，摩擦力已经变小，黏结力主要由机械咬合力提供，而且界面间的错动趋势加剧导致机械咬合力出现减小。

4.2.4　参数研究

1. 加载频率

为了更好地研究加载周期(频率)对锚固体系承载变形能力的影响，将图 4-9 和图 4-10 进行对比，对比结果如图 4-17 所示。

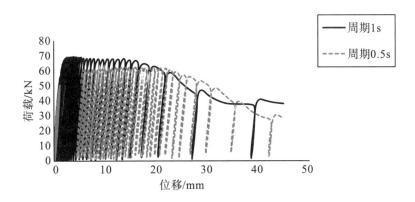

图 4-17　同锚固长度(320mm)，不同加载周期对比图

从图 4-17 中可以看到，当加载周期减小后，锚固体的承载力下降。但体系承载力达到峰值后，加载频率较低的试件其承载下降反而更缓慢。由此可知，对于相同的锚固长度，外荷载频率对锚固体的主要影响为：承载力峰值；峰值后下降

段发展趋势(延性破坏的发展程度)。为了更直观地进行对比,选取了上述两组工况中的典型加载等级进行分析,通过图 4-18 和图 4-19 对比可以看到,加载等级 30 和加载等级 60 处于弹性变形范围内;加载等级 90 接近塑性发展起始点;加载等级 120 处于峰值初始段;加载等级 124 处于峰值段与下降段间的过渡段;加载等级 126 则处于下降段(延性发展阶段)。图中,各加载等级的荷载幅值汇总如表 4-4 和表 4-5 所示。试件 1 对应加载周期 1s,试件 2 对应加载周期 0.5s。

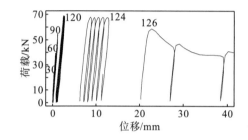 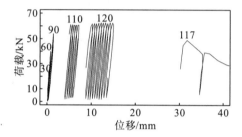

图 4-18　试件 1 特定加载等级受力变形图　　图 4-19　试件 2 特定加载等级受力变形图

表 4-4　试件 1 特定加载等级荷载

	第 30 级	第 60 级	第 90 级	第 120 级	第 124 级	第 126 级
低限/kN	0	0	0	0	0	0
高限/kN	24.1	39.1	54.1	69.1	67.8	58.7

表 4-5　试件 2 特定加载等级荷载

	第 30 级	第 60 级	第 90 级	第 120 级	第 124 级	第 126 级
低限/kN	0	0	0	0	0	0
高限/kN	24.1	39.1	54.1	60.9	61.5	48.4

弹性变形时期的试件 1 和试件 2 力学特性相似,继续提高加载等级,等级 124时的试件 1 和等级 110、112 时的试件 2 应力应变关系曲线中产生明显滞回圈,说明锚固体系产生了明显的塑性发展,体系的阻尼特性显著增强。加载频率对锚固体系延展性的影响也开始显现,试件 1 的位移增长速率明显小于试件 2。为了详细分析重复荷载周期对体系的影响,对图 4-17 进行分析,绘制图中两组试件承载力-位移曲线的包络线,如图 4-20 所示。

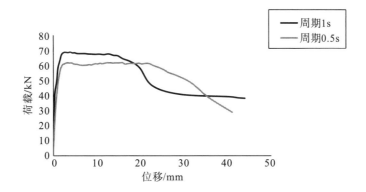

图 4-20　同锚固长度(320mm)下不同加载周期包络线对比图

从图 4-20 中可以看到，两组试件的荷载-位移曲线存在相同的变化规律，变化的过程均可分为 4 个阶段(OA——弹性阶段、AB——界面初期脱黏阶段、BC——界面脱黏发展阶段、CD——界面完全脱黏阶段，如图 4-21 所示)。表 4-6 给出了试件 1 和试件 2 各阶段的临界荷载-位移对应值。

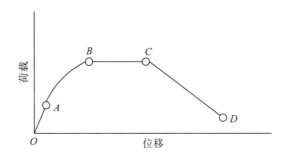

图 4-21　试验加载工况下试件荷载-位移的阶段图

表 4-6　试件 1 和试件 2 各阶段的临界荷载-位移对应值

试件	A		B		C		D	
	力/kN	位移/mm	力/kN	位移/mm	力/kN	位移/mm	力/kN	位移/mm
1	25.6	0.6	68.4	2.3	66.6	15.9	37.9	45
2	27.3	0.5	60.5	2.5	61.4	22	28.7	45

比较试件 1 和试件 2 各阶段的位移变形值与最终变形值之比可知，弹性阶段和初期脱黏阶段试件 1、2 的变形比例一致，分别为 1%和 5%，而脱黏发展阶段两者之比明显不同，分别为 35%和 49%。结合工程实践中安全性能控制标准，建议将锚固体系中筋材与灌浆体之间的位移控制标准定为重要结构取 1%，一般结构取 5%来设计锚杆的锚固力。

2. 锚固长度

为了研究相同加载周期下，锚固长度对锚固体系承载变形能力的影响，选取加载周期 0.5s，锚固长度分别为 160mm、320mm 的两组试验结果进行对比。

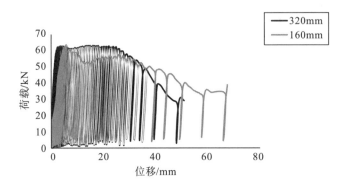

图 4-22　同加载周期(0.5s)，不同锚固长度对比图

从图 4-22 中可以看到，当锚固长度减小后，体系的峰值承载力几乎相同，但初始弹性阶段内系统的刚度不同，此外两组试件承载达到峰值后的变形情况有较大差异。锚固长度 320mm 的试件在加载达到峰值后，承载力几乎不变直至位移发展到一定阶段；而锚固长度 160mm 的试件在加载达到峰值后，承载力下降较为迅速，并且最终破坏位移更大。按图 4-21 定义得到该两组试件的临界荷载-位移对应关系，如表 4-7 所示。

表 4-7　两组试件临界荷载-位移对应关系

试件	A		B		C		D	
	力/kN	位移/mm	力/kN	位移/mm	力/kN	位移/mm	力/kN	位移/mm
1	27.3	0.5	60.5	2.5	61.4	22	28.7	45
2	16.5	0.3	62.73	5.1	53.9	27.8	35.2	51.9

注：试件 1 对应锚固长度 320mm，试件 2 对应锚固长度 160mm。

锚固长度的不同明显影响了各阶段临界荷载-位移对应关系，试件 1 和试件 2 各阶段位移与最终位移值之间的关系分别为 1%、5%、49%和 0.6%、9.8%、54%。将表 4-7 的规律与表 4-6 对比，发现加载周期主要影响体系的极限承载力和阶段 B 到 C 的位移；而锚固长度对体系的影响则体现在极限承载力和各阶段的位移，甚至对试件的破坏位移产生了较明显的影响。

单调荷载与简化地震荷载对比如图 4-23 所示。

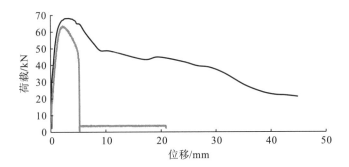

图 4-23　同锚固长度 (240mm)，单调荷载与简化地震荷载对比图

从图 4-23 可以看出，单调荷载与简化地震荷载两种加载工况下试件的极限承载力相近，简化地震荷载作用下，体系的强度略高于单调荷载但是差异的幅度小于 10%。两种加载工况下试件在达到极限承载力前的承载-变形情况相近，但试件按单调加载时，承载力达到峰值后迅速下降，位移增长较小；而本章采用的简化地震荷载加载时，试件承载力下降较为缓慢但位移增长迅速。

4.3　本 章 小 结

岩锚体系在单调荷载、简化重复拉力荷载作用下，其力学和黏结特性会发生较为明显的变化。基于本章所述的室内试验结果发现，在简化地震荷载作用下，试件的塑性变形能力显著增大，界面黏结的有效长度也比理论值大，体系的塑性变形在单调荷载与重复荷载时存在显著差别。本次试验的主要结论如下。

(1) 地震荷载影响锚固体系的破坏形式，锚固体系中筋材-灌浆体界面剪应力分布呈单峰值曲线，实测有效锚固长度大于理论值，约为理论值的两倍。

(2) 加载频率提高将造成岩锚体系界面之间极限承载力的下降，加载频率提高 50%，承载力减小 10%。

(3) 提出简化地震荷载下锚固体系的 4 个阶段变形：弹性变形阶段；界面初期脱黏阶段；界面脱黏发展阶段；界面完全脱黏阶段。

(4) 结合岩锚体系破坏 4 个阶段的临界荷载-位移关系，给出地震时锚固体系设计的位移控制标准，即重要结构位移允许值为 1%，一般结构位移允许值为 5%。

第 5 章　锚索框架梁加固边坡振动台
模型试验研究

汉川地震震害调查表明，锚索框架梁能有效减小边坡地震灾害的发生，但是锚头脱落、锚索松弛等时有发生，这说明目前锚索框架梁的设计理论仍然存在缺陷。另外，由公路工程结构、铁路工程结构的抗震设计规范可知，锚索框架梁的抗震设计并未出现在这些抗震设计规范中，这说明锚索框架梁的抗震设计远落后于锚索框架梁的静力设计。为了深入了解锚索框架梁的抗震性能，在第 4 章开展了单一岩锚体系的动力试验，揭示了单一岩锚体系的力学和黏结特性会随受荷次数发生较为明显的变化、塑性变形量显著增大、界面黏结的有效长度比目前使用的理论值大。然而，上述研究针对单一锚固体，并且动力荷载采用了简单的正弦波，这种方式能有效研究单一锚固体的动力特性，但不足以揭示用锚固框架梁加固边坡的动力特性，为此开展了锚索框架梁大型振动台模型试验。通过试验希望揭示用锚索框架梁加固边坡的工作原理，为建立锚索框架梁的抗震设计方法奠定基础。

5.1　振动台装置与主要技术指标

本次试验用设备主要包括 3 个水平三自由度振动台，其中中间固定台为 4m×4m，两个可移动边台均为 2.5m×2.5m。控制系统要求具有离线(off-line)迭代和在线(on-line)迭代两种控制方式，实时控制器应包含以下控制技术：①三参量控制：在整个工作频率范围内，对所有自由度，应能同时进行位移、速度和加速度的闭环和输入控制；②倾覆力矩及偏心力矩的自动补偿，非线性伺服阀流量补偿技术，油柱共振补偿控制；③差压稳定控制，力平衡控制，几何交叉耦合补偿，试件动力特性补偿；④自适应控制补偿，幅值相位控制。

地震模拟试验台阵系统主要技术指标如表 5-1 所示。

表 5-1　地震模拟试验台阵系统主要技术指标

技术指标	规格
台面尺寸	2.5m×2.5m—4m×4m—2.5m×2.5m
振动方向	水平三向(X、Y向和水平转角)
最大有效载荷	10t—22t—10t
台面最大位移	+/−250mm
台面满载最大加速度	X向 1.5g；Y向 1.2g
工作频率范围	0.1~50Hz
振动波形	周期波、随机波、地震波
控制方式	数控
台面最大距离	30m

　　数据采集系统配有 128 通道的 16 位试件数据采集系统，其中应变 64CH(通道)，加速度 40CH，速度 4CH，位移 16CH，其他 4CH，并在软硬件中预留可扩展的采集通道。每个数采通道的最大采样频率在 20kHz 以上，试件通道模拟信号输入频率范围为 0~200Hz。采集系统能对每个通道提供可自动设置的激励电压，并对每个通道进行滤波，计算机能够自动设置和标定，同时配备相关的数据分析和处理软件。

　　振动台台面及模型箱如图 5-1 所示，振动台试验数据采集系统如图 5-2 所示。

图 5-1　振动台台面及模型箱　　　　　图 5-2　振动台试验数据采集系统

5.2　试验相似关系设计

　　选取几何尺寸、密度和加速度作为模型试验的控制量，以锚索框架梁加固的直线滑动型边坡为研究对象，模型与原型尺寸的相似比为 1∶20，按照相似理论确定其余物理量的相似常数。本次模型试验采用的相似关系具体如表 5-2 所示。

表 5-2　振动台模型试验相似常数

序号	物理量	量纲(质量系统)	相似常数(原型/模型)	备注
1	几何尺寸 L	$[L]$	$C_L=20$	控制量
2	质量密度 ρ	$[M][L]^{-3}$	$C_\rho=1$	控制量
3	输入地震动加速度 a	$[L][T]^{-2}$	$C_a=1$	控制量
4	弹性模型 E	$[M][L]^{-1}[T]^{-2}$	$C_E=20$	
5	应力 σ	$[M][L]^{-1}[T]^{-2}$	$C_\sigma=C_L=20$	
6	应变 ε	1	$C_\varepsilon=1$	
7	作用力 F	$[M][L][T]^{-2}$	$C_F=C_L^3=8000$	
8	速度 v	$[L][T]^{-1}$	$C_v=C_L^{1/2}=4.47$	
9	时间 t	$[T]$	$C_t=C_L^{1/2}=4.47$	
10	位移 u	$[L]$	$C_u=C_L=20$	
11	角位移 θ	1	$C_\theta=1$	
12	频率 ω	$[T]^{-1}$	$C_\omega=C_L^{-1/2}=0.224$	
13	阻尼比 λ	1	$C_\lambda=1$	
14	内摩擦角 φ	1	$C_\varphi=1$	

5.3　模型设计与制作

5.3.1　模型箱设计制作

鉴于模型规模及刚度的要求，本试验采用钢板+型钢制作的一端开口刚性模型箱，内空尺寸为 3.5m×1.5m×2.5m(长×宽×高)，如图 5-3 所示。试验中通过在振动方向的岩体后壁内衬 3cm 厚泡沫垫层，模拟吸波材料，以减小振动波在边界的反射。同时，为了消除箱侧壁的摩擦约束，箱壁应保持光滑。

图 5-3　模型箱

模型箱底板及骨架材料主要由钢板、角钢、槽钢组成，为方便观测震中、震后墙土系统的地震反应，需要一端侧壁镂空。

5.3.2　结构模型设计制作

1.　边坡覆盖层模拟材料

根据野外勘察资料，本试验拟采用河沙、黏土、石英砂和水，按照质量比 33：35：18：12 混合搅拌进行模拟。相似材料的密度为 1900kg/m³，含水率为 13.95%，黏聚力为 8kPa，内摩擦角为 25°。

2.　潜在滑动面模拟方法

根据大量的室内试验结果，本次试验确定使用细沙+黄油的方法来模拟边坡潜在滑动面（图 5-4 和图 5-5），滑动面角度为 35°。

框架梁钢筋绑扎示意图如图 5-6 所示。

图 5-4　工业用黄油　　　　　图 5-5　细沙　　　　　图 5-6　框架梁钢筋绑扎示意图

锚索自由端钻孔示意图如图 5-7 所示，预制完后的框架梁如图 5-8 所示。

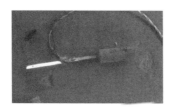 

图 5-7　锚索自由端钻孔示意图　　　　　图 5-8　预制完后的框架梁

3.　基岩模拟

基岩采用河沙、石膏、水、黏土和重晶石粉按照质量比为 5：2.5：1.4：3：4 的比例进行配制，室内试验测得的基岩的物理力学指标为密度 2300kg/m³，含水率为 9.655%，黏聚力为 200kPa，内摩擦角为 45°。

4. 锚索模拟方法

为了能够更好地模拟现场的拉力型锚索实际工作原理，本次振动台试验中锚索采用尺寸约为 10mm×0.3mm（宽×厚）的 Q235 薄铁片模拟，锚固角、锚索自由段及锚固段长度根据实际工程锚固设计资料确定，每一孔锚索端头自由段端头均设置轴力传感器来监测预应力的施加及锚索自由段轴力在地震作用下的动态响应，并通过人工张拉锁定来施加预应力。

5. 混凝土框架梁模拟

试验中拟测试框架地梁与边坡坡体之间的土压力，为保证与实际工程中的框架梁具有相近的抗弯刚度，锚索框架梁采用钢筋绑扎成型，然后浇筑水泥砂浆而成，待养护期达到 30 天后用于试验。

6. 模型制作步骤

本次预应力锚索框架梁加固边坡的试验模型共分为 7 步完成，具体如下。
①基岩、滑体及软弱结构面材料的配制。
②模型箱底部及边坡体基岩填筑及相关加速度传感器埋设，基岩填筑时采用人工夯实，按密度进行控制，具体如图 5-9 所示。
③预应力锚索孔预留安装和坡体内部拉线位移计测点埋设，具体如图 5-10 所示。
④滑体的填筑及相关加速度传感器和拉线位移计测点的埋设。
⑤锚索安装到位及相关测力计的连接。
⑥框架梁的安装及锚索自由段端头的固定。
⑦激光位移计和拉线位移计固定支架的焊接及传感器安装，制作完成后的边坡模型如图 5-11 所示。

图 5-9　填料夯实　　　　　图 5-10　锚索预留孔　　　图 5-11　制作完成后的边坡模型

模型试验岩土体物理力学参数如表 5-3 所示。

表 5-3　模型材料物理力学参数

材料	密度 $\rho/(g/cm^3)$	弹模 E/MPa	内摩擦角 $\varphi/(°)$	黏聚力 c/kPa	泊松比/μ
边坡	2.0	3.96	30	2.6	0.25
基岩	2.7	10	42	7.4	0.25
砂层	1.8	3.05	25	0.95	0.30
锚索	6.2	290	按弹性材料处理		0.20

5.4　测试元件介绍

本次振动台模型试验设计时拟测试的项目有坡体加速度响应、边坡位移响应、框架梁底土压力响应和锚索自由段轴力响应，试验涉及的传感器类型为加速度、位移计、土压力和轴力传感器。

5.4.1　土压力计

试验采用应变式(量程为 200kPa)土压力计测试框架地梁上土压力的静态值和动态值，为试验仪器安装方便，本次试验土压力计线长为 3m，其与数据采集系统通过一段 7m 长的延长线连接，接口为 6 芯插头，尺寸：直径为 10mm，厚度为 5mm。所有土压力计非线性度≤1%，过载能力≤150%F·S，土压力计示意图如图 5-12 所示。测试框架梁上土压力计安装细部图和整体安装示意图分别如图 5-13 和图 5-14 所示。土压力计安装在框架梁上预留的孔内，安装土压力计之前在预留孔内填充一定量的玻璃胶，然后再把土压力计放入预留孔内，使土压力计和孔壁、孔底面贴合紧密，土压力计表面与框架梁底面平齐或超出梁不大于 1mm 即可。

图 5-12　土压力计示意图

图 5-13　框架梁土压力计安装示意图

图 5-14　框架梁土压力传感器布置示意图

5.4.2　加速度计

本次试验使用设备为 3 个水平三自由度的振动台，对于边坡模型试验加载为水平单向地震波，故加速度计仅用于测量激振方向(简称 X 向)的加速度动态响应。边坡坡体内及坡脚处的加速度计型号为东华 DH302 三向加速传感器，在埋入坡体之前先把传感器元件固定在 3cm×3cm 的铁板上，然后在传感器四周涂抹环氧树脂进行防水防潮处理，具体如图 5-15 所示。振动台台面及模型箱底部的加速度计型号为东华 DH610H 型单向加速度传感器，具体如图 5-16 所示。

本次试验时在坡体基岩内、软弱结构面内、边坡表面及坡脚处共布置 16 个 DH302 三向加速度传感器，在振动台台面、模型箱底板和边坡坡脚处安装 3 个 DH610H 加速度传感器，具体参见 5.6 节。三向加速度传感器参数为：X 轴灵敏度 $20.1\text{mV/(m·s}^2)$，频率范围为 0~350Hz，安装谐振为 6kHz，供电电压为 DC5~10V，工作温度为 -10~60℃，量程为 ±60m/s²，安装方法为黏结，冲击极限为 $2×10^4\text{m/s}^3$，输出端引线位置侧面七芯航插，非线性度 ±1%FSO，横向灵敏度<5%，重量约为 8g。单向压阻式加速度传感器参数：供电电压为 DC8V~16V，量程为 ±20m/s²，输入输出阻抗为 4kΩ，灵敏度(100Hz)为 $1.25\text{mV/(m·s}^2)$，加速度过载为 4000m/s²，工作温度为 -20~80℃，频率响应为 0~250Hz，安装谐振为 700Hz，非线性度 2%量程，横向灵敏度 2%量程，输出噪声为 1μV，输出端引线位置为侧面。

图 5-15　三向加速度传感器　　　图 5-16　单向加速度传　　　图 5-17　高精度激光位移计
　　　　　进行防水处理　　　　　　　　　　感器　　　　　　　　　　　示意图

5.4.3　位移计

本次振动台模型试验时使用高精度激光位移计(图 5-17)和拉线式位移计两种传感器，分别来监测坡面框架梁上的位移响应和坡体内的位移响应。试验时在待测位移处焊接 10#槽钢架以方便位移测点的安装，共设置 4 根水平横梁，同时要保证该支架具有足够的刚度，防止在振动试验时支架与坡体产生相对变形，具体如图 5-18 所示。激光位移计从上到下分别安装在坡体的中间位置，激光发射器直接打在混凝土框架梁上，拉线式位移计共布设 3 个平面，每个平面内的拉线式位移计主要用于测量基岩内，软弱结构面内和上覆土内的位移，拉线式位移计与穿过直径为 1cm 的钢套管与坡体内被测点相连的细钢丝进行连接，具体如图 5-19 所示。拉线式位移计通过热熔胶黏结固定在槽钢面上，高精度激光位移计通过绑扎带固定于每根水平横梁的中间位置，具体如图 5-20 所示。

图 5-18　槽钢焊接支架　　　图 5-19　位移计安装示意图　　图 5-20　试验时位移计布置图

5.4.4　锚索轴力传感器

本次振动台模型试验时边坡共设置 12 孔锚索，每孔锚索在自由端均布置一个轴力传感器用于监测锚固体系自由段在地震作用下的动态响应。锚索轴力传感器为江苏溧阳市科发测试仪器厂生产的 YBY-300 型拉力传感器，本次测量锚索轴力的传感器是根据本书的设计外观图进行制作的，量程为 300N，传感器示意图具体如图 5-21 所示。模型试验时首先将锚固体放入边坡预留空洞内，周围填满水泥砂浆，静置 3 天，待锚固段能提供一定抗拔力后，通过在锚固体自由段铁片上预留的小孔与轴力传感器连接，用 5mm 螺丝锁定。锚索预应力的施加采用人工在锚索自由段施加拉力，轴力计监测预应力施加过程，待预应力达到预设值时将锚索出露部分固定在框架梁表面，拟施加预应力为 50N。

图 5-21　轴力传感器

5.5　测试元件布设及试验实施

5.5.1　元件布置

　　振动台模型试验时安装的测量仪器包含加速度传感器、土压力计、位移计和锚索轴力测试计，数据采集系统实现加速度、框架梁土压力、边坡体内和表面的位移及锚索体系自由段轴力的同步快速采集。模型试验中布置的传感器数量分别为：三向加速度传感器 16 个，单向加速度传感器 3 个，拉线式位移计 11 个，激光位移计 4 个，土压力计 11 个，轴力传感器 12 个，具体如图 5-22 和图 5-23 所示。

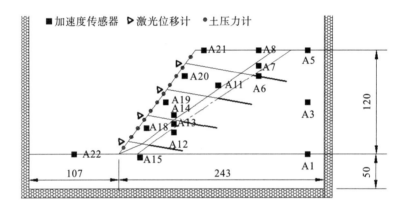

图 5-22　边坡模型中传感器布置示意图一（单位：mm）

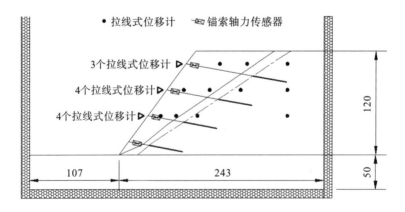

图 5-23　边坡模型中传感器布置示意图二（单位：mm）

5.5.2　加载地震波

为了能更准确地反映选择边坡工点所在区域地震动的特点,本次试验天然波选用 2008 年汶川地震中实测的清平台站地震记录,人工波选用根据边坡所在场地条件生成地震动。此外,在进行地震响应分析时还选用了当前地震工程中广泛使用的 El Centro 地震波记录。

根据试验条件,按相似律进行压缩处理,并进行基线校正,处理后的地震波持时分别为汶川—清平地震波 31.62s、El Centro 地震波 12.65s、人工波 12.29s。考虑从 X 向输入地震动加速度,依次对预应力锚索支护体系输入峰值地震动加速度为 $0.1gX$、$0.2gX$、$0.3gX$、$0.4gX$、$0.5gX$ 和 $0.7gX$ 的加速度时程,其中,X 代表输入地震动时程为单向输入。实际输入的加速度以振动台台面记录的数据为准。

原波及压缩处理后的输入地震动时程曲线如图 5-24 所示。

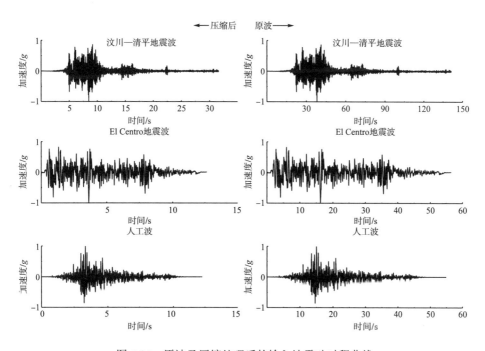

图 5-24　原波及压缩处理后的输入地震动时程曲线

每次工况加载完成后均进行白噪声扫描,具体加载工况如表 5-4 所示。

表 5-4　振动台模型试验加载地震波

工况	工况代码	输入地震波	峰值加速度	工况	工况代码	输入地震波	峰值加速度
1	white-noise	白噪声	0.1g	20	QP-0.4	汶川—清平地震波	0.4g
2	QP-0.1	汶川—清平地震波	0.1g	21	white-noise	白噪声	0.1g
3	white-noise	白噪声	0.1g	22	EL-0.4	El Centro 地震波	0.4g
4	EL-0.1	El Centro 地震波	0.1g	23	white-noise	白噪声	0.1g
5	white-noise	白噪声	0.1g	24	REN-0.4	人工波	0.4g
6	REN-0.1	人工波	0.1g	25	white-noise	白噪声	0.1g
7	white-noise	白噪声	0.1g	26	QP-0.5	汶川—清平地震波	0.5g
8	QP-0.2	汶川—清平地震波	0.2g	27	white-noise	白噪声	0.1g
9	white-noise	白噪声	0.1g	28	EL-0.5	El Centro 地震波	0.5g
10	EL-0.2	El Centro 地震波	0.2g	29	white-noise	白噪声	0.1g
11	white-noise	白噪声	0.1g	30	REN-0.5	人工波	0.5g
12	REN-0.2	人工波	0.2g	31	white-noise	白噪声	0.1g
13	white-noise	白噪声	0.1g	32	QP-0.7	汶川—清平地震波	0.7g
14	QP-0.3	汶川—清平地震波	0.3g	33	white-noise	白噪声	0.1g
15	white-noise	白噪声	0.1g	34	EL-0.7	El Centro 地震波	0.7g
16	EL-0.3	El Centro 地震波	0.3g	35	white-noise	白噪声	0.1g
17	white-noise	白噪声	0.1g	36	REN-0.7	人工波	0.7g
18	REN-0.3	人工波	0.3g	37	white-noise	白噪声	0.1g
19	white-noise	白噪声	0.1g	38	QP-0.9	汶川—清平地震波	0.9g

5.6　边坡结构受力分析

本次振动台模型试验时在边坡中部从上到下布置 4 个锚索轴力传感器（图 5-23），分别用来监测不同高度处锚索自由段在地震作用下的受力响应情况。

5.6.1　锚索轴力响应时程分析

目前预应力锚索框架梁的设计主要集中在静力方面，对于锚固体系在静力条件下的受力分布规律也有了较深入的认识，并且成果较多，但在地震作用下锚索的受力响应情况几乎查找不到研究资料文献，而汶川地震震害调查揭示出锚索框架梁在地震作用下发生了自由段端头钢绞线被拉断的事实。因此有必要对锚索自由段在地震作用下的受力响应情况做进一步研究，为预应力锚索框架梁的抗震设计及发展提供支撑。

为研究地震作用下锚索自由段轴力响应规律，本书列出了在峰值加速度为 0.4g、0.5g 和 0.9g 的汶川—清平地震波作用下锚索轴力传感器的响应时程曲线，具体如图 5-25～图 5-27 所示。

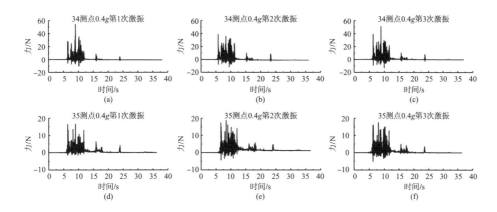

图 5-25　0.4g 汶川—清平地震波激振时锚索轴力传感器响应时程曲线

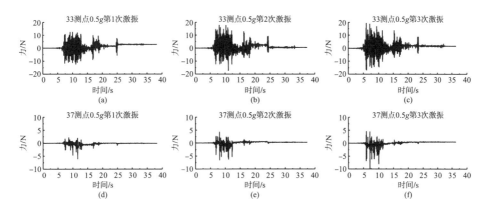

图 5-26　0.5g 汶川—清平地震波激振时锚索轴力传感器的响应时程曲线

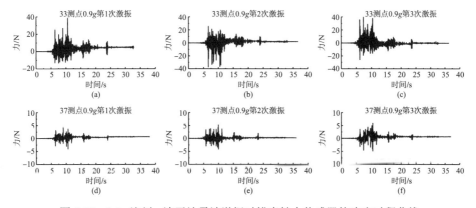

图 5-27　0.9g 汶川—清平地震波激振时锚索轴力传感器的响应时程曲线

　　将轴力响应时程曲线中的初始轴力和测试准备时间去除，然后与输入地震波的加速度时程曲线进行对比可以发现，锚索自由段轴力的动态响应规律(如曲线的形状、变化趋势等)与输入地震动类型紧密联系,轴力永久变形值和峰值出现时间点与加速度的时程曲线的峰值出现时刻相一致。

5.6.2 结构受力分布规律分析

从结构的安全性考虑,取锚索自由段轴力的响应峰值和永久变形值进行分析,具体如表 5-5 所示。通过对比可以发现,轴力响应峰值远大于最终变形值,但由于轴力变形峰值的作用时间较短,其对锚固体系失效作用的"有效时间段"无法确定,因此现阶段仅采用永久变形值与锚固体系能够承担的最大抗拔力进行比较来评价其安全性能。

表 5-5 边坡中部锚索轴力计地震响应值(单位:N)

峰值加速度	顶部		中上部		中下部		下部	
	峰值	永久值	峰值	永久值	峰值	永久值	峰值	永久值
0.1g	5.9	0.5	3.9	0.2	3.1	0.4	2.5	0.0
0.2g	17.4	0.8	12.5	0.5	6.5	0.7	4.4	0.0
0.3g	23.7	1.1	19.0	1.0	10.5	0.9	7.9	0.0
0.4g	30.5	1.5	21.1	1.5	13.7	1.1	8.4	0.2
0.5g	52.4	6.0	22.7	2.5	17.5	1.3	9.4	0.2
0.7g	59.2	9.2	24.7	4.5	19.1	1.3	8.5	0.6
0.9g	58.5	10.8	32.6	9.0	27.9	2.5	22.1	1.6

由图 5-28 和图 5-29 可知,锚索轴力响应峰值均随着输入地震波峰值加速度的增加而增大,随着测点所在位置高度的增加而增大,坡体上部的锚索轴力响应峰值明显高于其他测点,这也反映了直线滑动型边坡体上部的地震动响应最强烈,地震引起的破坏从坡体上部最先发生。坡体下部的轴力响应峰值最小,并且在峰值加速度为 0.3~0.7g 的地震波作用下其值较接近。

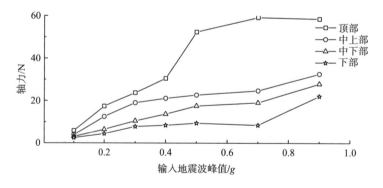

图 5-28 轴力响应峰值与输入地震波 PGA 的关系

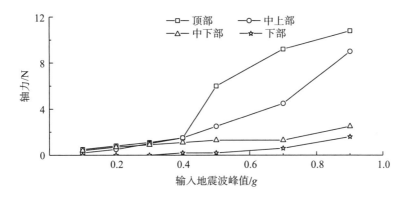

图 5-29　轴力响应永久变形值与输入地震波 PGA 的关系

　　锚索轴力在地震作用下的永久变形值均随着输入地震波峰值加速度的增加而增大，在输入地震波峰值加速度不大于 $0.4g$ 时各锚索测点的轴力永久变形值增加较少，在 $0.5\sim0.9g$ 的输入地震波峰值加速度作用下坡体顶部和中上部的永久变形值显著增加，而坡体中下部的永久变形值仍然较小。因此对直线滑动型边坡，在预应力锚索框架梁的抗震设计时应考虑锚固体系的地震效应，在低烈度区按现有的锚索受力均摊原则可满足要求，对于高烈度区的锚固体系设计应考虑边坡上下进行分区的原则，以达到设计的合理性、安全性。

5.7　边坡体及框架梁变形分析

　　振动台模型试验时进行位移计与传感器的布置(图 5-22 和图 5-23)，在坡面中部框架梁节点从上到下依次布置 4 个激光位移计，在坡体内部借助拉线式位移计布置 3 个位移观测断面，本书主要研究锚索框架梁在地震作用下的位移响应和加固边坡体内部位移地震动响应情况。

5.7.1　框架梁上的位移响应规律

　　振动台模型试验时输入地震波要达到所要求的峰值时采取的控制方式为在线迭代，实际完成一个地震工况的加载最终可能需要 $3\sim4$ 次迭代，在输入地震波峰值发生变化时均进行白噪声扫描，本次振动台模型试验各加载工况下的框架梁表面的位移响应情况如表 5-6 所示。

表 5-6　清平波各加载工况下框架梁表面位移测点的实测值(单位：mm)

激振加速度		0.1g white-noise			0.1g 第 1 次			0.1g 第 2 次			0.1g 第 3 次			0.1g 第 4 次		
所在部位	通道	初始值	峰值	永久值	初始值	峰值	永久值	初始值	峰值	永久值	初始值	峰值	永久值	初始值	峰值	永久值
上部	83	0.32	0.036/0.622	—	0.36	0.613/0.017	—	0.35	0.457/0.173	—	0.35	0.512/0.118	—	0.37	0.512/0.109	—
中间	84	0.08	0.521/-0.129	—	0.12	0.475/-0.129	—	0.08	0.256/-0.074	—	0.05	0.356/-0.12	—	0.08	0.338/-0.102	—
中间	85	0.06	0.272/-0.095	—	0.06	0.262/-0.085	—	0.02	0.226/-0.131	—	0.01	0.262/-0.204	—	-0.03	0.299/-0.195	—
下部	87	0.03	0.163/-0.13	—	0.01	0.19/-0.13	—	0.04	0.163/-0.121	—	0.00	0.209/-0.139	—	0.03	0.209/-0.176	—

激振加速度		0.2g white-noise			0.2g 第 1 次			0.2g 第 2 次			0.2g 第 3 次			0.2g 第 4 次		
所在部位	通道	初始值	峰值	永久值	初始值	峰值	永久值	初始值	峰值	永久值	初始值	峰值	永久值	初始值	峰值	永久值
上部	83	0.37	0.621/-0.001	—	0.40	0.622/-0.092	—	0.38	0.722/-0.184	—	0.39	0.787/-0.147	—	0.41	0.75/-0.193	—
中间	84	0.09	0.485/-0.166	—	0.10	0.356/-0.211	—	0.11	0.503/-0.303	—	0.14	0.485/-0.312	—	0.14	0.54/-0.257	—
中间	85	0.02	0.262/-0.195	—	0.00	0.345/-0.287	—	0.02	0.409/-0.296	—	0.01	0.464/-0.269	—	0.00	0.482/-0.296	—
下部	87	0.01	0.19/-0.176	—	0.04	0.264/-0.194	—	0.04	0.273/-0.221	—	0.02	0.282/-0.231	—	0.05	0.273/-0.222	—

激振加速度		0.3g white-noise			0.3g 第 1 次			0.3g 第 2 次			0.3g 第 3 次		
所在部位	通道	初始值	峰值	永久值	初始值	峰值	永久值	初始值	峰值	永久值	初始值	峰值	永久值
上部	83	0.29	0.512/0.054	—	0.33	0.704/-0.175	—	0.35	0.906/-0.486	—	0.36	0.933/-0.349	—
中间	84	0.01	0.283/-0.156	—	0.00	0.457/-0.367	—	0.04	0.649/-0.468	—	-0.01	0.659/-0.504	—
中间	85	-0.04	0.125/-0.159	—	-0.01	0.336/-0.296	—	0.00	0.446/-0.369	—	-0.02	0.464/-0.397	—
下部	87	0.01	0.09/-0.103	—	0.00	0.218/-0.231	—	-0.01	0.264/-0.258	—	0.01	0.337/-0.277	—

续表

激振加速度 所在部位	通道	0.4g white-noise 初始值	峰值	永久值	0.4g 第 1 次 初始值	峰值	永久值	0.4g 第 2 次 初始值	峰值	永久值	0.4g 第 3 次 初始值	峰值	永久值
上部	83	0.55	0.915/ 0.255	—	0.59	1.373/ -0.413	—	0.65	1.464/ -0.331	—	0.70	1.446/ -0.495	—
中间	84	0.07	0.512/ -0.138	—	0.11	0.686/ -0.569	—	0.06	0.943/ 0.578	—	0.12	1.08/ -0.614	—
中间	85	-0.08	0.143/ -0.287	—	-0.08	0.391/ -0.479	—	-0.14	0.51/ -0.671	—	-0.09	0.574/ -0.745	—
下部	87	-0.09	0.071/ -0.286	—	-0.10	0.273/ -0.387	—	-0.09	0.337/ -0.46	—	-0.12	0.383/ -0.506	—

激振加速度 所在部位	通道	0.5g white-noise 初始值	峰值	永久值	0.5g 第 1 次 初始值	峰值	永久值	0.5g 第 2 次 初始值	峰值	永久值	0.5g 第 3 次 初始值	峰值	永久值
上部	83	-0.17	0.145/ -0.44	—	-0.12	0.824/ -1.53	—	-0.09	0.787/ -1.401	—	0.00	0.943/ -1.502	—
中间	84	-0.02	0.239/ -0.3C2	—	-0.02	0.641/ -0.769	—	0.05	0.971/ -0.815	—	0.13	1.173/ -0.815	—
中间	85	-0.06	0.111/ -0.219	—	-0.03	0.431/ -0.567	—	-0.07	0.678/ -0.878	—	-0.08	0.76/ -1.034	—
下部	87	-29.81	-28.257/ -31.1<7	—	-30.11	-28.838/ -31.321	0.2	-30.27	-28.563/ -31.449	—	-30.19	-28.728/ -31.467	0.25

激振加速度 所在部位	通道	0.7g white-noise 初始值	峰值	永久值	0.7g 第 1 次 初始值	峰值	永久值	0.7g 第 2 次 初始值	峰值	永久值	0.7g 第 3 次 初始值	峰值	永久值
上部	83	-0.96	-0.715/ -1.2	—	-0.97	0.082/ -3.031	—	-0.85	0.558/ -3.104	0.1	-0.73	0.824/ -3.196	—
中间	84	-0.67	-0.375/ -0.851	—	-0.59	0.239/ -1.84	—	-0.57	0.98/ -1.978	—	-0.56	1.054/ -2.051	—
中间	85	-0.90	-0.704/ -1.043	—	-0.90	-0.265/ -1.382	—	-0.86	0.156/ -1.83	—	-0.82	0.495/ -1.903	—
下部	87	-0.64	-0.557/ -0.722	—	-0.66	-0.392/ -0.933	—	-0.62	-0.163/ -1.244	—	-0.63	0.094/ -1.107	—

续表

激振加速度		0.9g white-noise			0.9g 第1次			0.9g 第2次			0.9g 第3次		
所在部位	通道	初始值	峰值	永久值	初始值	峰值	永久值	初始值	峰值	永久值	初始值	峰值	永久值
上部	83	-0.74	-0.394/-0.944	—	-0.67	1.19/-3.8	—	-0.62	1.95/-3.809	0.2	-0.42	2.27/-3.471	0.3
中间	84	-0.59	0/-0.751	—	-0.50	1.2/-2.298	—	-0.57	1.686/-2.518	—	-0.49	1.869/-2.408	—
中间	85	-0.80	-0.485/-1.061	—	-0.77	0.522/-7.963	—	-0.79	36.47/-39.087	—	-0.62	36.47/-40.625	—
下部	87	-0.63	-0.511/-0.768	—	-0.64	0.332/-1.876	0.1	-0.67	0.359/-29.278	—	-0.66	0.378/-1.748	0.1

由图 5-30 可知，框架梁表面测点的位移响应峰值随着输入地震波峰值加速度的增加而增大，在同一峰值加速度地震波作用下边坡高程较高处的位移反应峰值大于高程较低处的峰值，测点 3(通道 85)在 0.9g 时出现异常增大的现象是由于边坡土体在地震作用下产生坍塌滑落，在土体下落的过程中影响到激光位移计发射出激光的路径所导致的，此数据为失效数据。

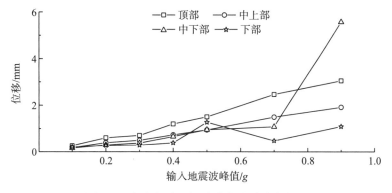

图 5-30　框架梁表面测点的位移峰值变化图

本次振动台模型试验的锚索框架梁在输入地震波峰值加速度不大于 0.5g 时没有产生永久变形值，当输入地震波峰值加速度为 0.7g 时，框架梁顶部的测点 1(通道 83)产生 0.1mm 的永久变形值，其他测点没有发生永久变形；当输入地震波峰值加速度为 0.9g 时，测点 1 产生的永久变形值为 0.5mm，框架梁底部测点 4(通道 87)也开始产生永久变形值，变形值为 0.2mm。在峰值加速度为 0.1~0.9g 的汶川-清平地震波作用下锚索框架梁基本没有产生永久变形值，支护体系结构完好，这与试验过程中的宏观现象较一致。

值得注意的是，坡体下部测点 4 在 0.4g 地震波激振前的初始位移值为-0.12mm，在 0.5g 地震波激振前的初始值为-29.81mm，综合考虑边坡体的地震工况加载过程可得知在 0.5g El Centro 地震波激振后测点 4 的位移值由-0.099mm 到-29.149mm，产生这种现象是由于坡体上部临空面侧在地震作用下产生垮塌，土体颗粒滑落堆积在坡脚处引起激光路径缩短从而造成坡体下部产生向外的变形值，这并不是框架梁产生的真实变形值。

5.7.2　坡体内的位移响应规律

本次振动台模型试验时借助拉线式位移计在坡体内部从上到下依次布置 3 个位移监测断面(图 5-23)。由于最下部位移测点在地震作用下基本无响应，本书分析时暂不列出，其余测点的地震动位移响应值如表 5-7 所示。

表 5-7 汶川—清平地震波各加载工况下坡体内部位移测点实测值（单位：mm）

所在部位	通道	0.1g white-noise			0.1g 第 1 次激振			0.1g 第 2 次激振			0.1g 第 3 次激振			0.1g 第 4 次激振		
		初始值	峰值	永久值	初始值	峰值	永久值	初始值	峰值	永久值	初始值	峰值	永久值	初始值	峰值	永久值
上部	96	0.37	0.569/0.081	—	0.35	0.545/0.056	—	0.35	0.545/0.081	—	0.37	0.52/0.105	—	0.33	0.545/0.032	—
	97	0.40	0.692/0.35	—	0.55	0.716/0.35	—	0.59	0.692/0.374	—	0.55	0.692/0.374	—	0.59	0.716/0.35	—
	98	41.42	41.634/41.341	—	41.59	41.634/41.439	—	41.59	41.634/41.464	—	41.56	41.634/41.464	—	41.51	41.634/41.439	—
中部	99	0.11	0.204/-0.04	—	0.16	0.204/-0.04	—	0.08	0.204/-0.016	—	0.11	0.204/-0.064	—	0.13	0.204/-0.04	—
	100	0.04	0.187/-0.082	—	0.02	0.187/-0.082	—	-0.01	0.162/-0.082	—	0.02	0.211/-0.082	—	0.02	0.187/-0.082	—
	101	0.32	0.487/0.145	—	0.27	0.512/0.194	—	0.32	0.512/0.17	—	0.34	0.536/0.097	—	0.34	0.536/0.121	—
	102	0.37	0.514/0.196	—	0.32	0.538/0.22	—	0.42	0.587/0.22	—	0.44	0.587/0.22	—	0.44	0.636/0.196	—

所在部位	通道	0.2g white-noise			0.2g 第 1 次激振			0.2g 第 2 次激振			0.2g 第 3 次激振			0.2g 第 4 次激振		
		初始值	峰值	永久值	初始值	峰值	永久值	初始值	峰值	永久值	初始值	峰值	永久值	初始值	峰值	永久值
上部	96	0.25	0.471/-0.041	—	0.25	0.496/0.008	—	0.25	0.594/-0.066	—	0.25	0.569/-0.114	—	0.33	0.545/-0.066	—
	97	1.33	1.523/1.108	—	1.35	1.645/1.01	—	1.30	1.792/0.888	—	1.33	1.792/0.839	—	1.38	1.816/0.985	0.07
	98	41.66	41.781/41.586	—	41.66	41.805/41.586	—	41.61	41.781/41.586	—	41.68	41.805/41.61	—	41.71	41.903/41.61	0.12
中部	99	0.11	0.204/-0.016	—	0.16	0.326/-0.064	—	0.11	0.35/-0.138	—	0.16	0.35/-0.235	—	0.08	0.35/-0.162	—
	100	0.11	0.236/-0.057	—	0.16	0.333/-0.13	—	0.16	0.358/-0.179	—	0.11	0.358/-0.228	—	0.14	0.358/-0.204	—
	101	0.58	0.683/0.365	—	0.56	0.78/0.243	—	0.58	0.927/0.145	—	0.58	0.927/0.121	—	0.58	0.951/0.145	—
	102	0.71	0.929/0.514	—	0.73	1.076/0.416	—	0.71	1.198/0.318	—	0.73	1.247/0.318	—	0.71	1.271/0.367	—

续表

激振加速度		0.3g white-noise			0.3g 第1次激振			0.3g 第2次激振			0.3g 第3次激振		
所在部位	通道	初始值	峰值	永久值	初始值	峰值	永久值	初始值	峰值	永久值	初始值	峰值	永久值
上部	96	0.15	0.447/-0.066	—	0.23	0.52/-0.163	—	0.25	0.642/-0.481	—	0.25	0.642/-0.432	—
	97	5.53	5.824/5.457	—	5.60	6.533/5.262	0.6	6.24	8.3654/5.6528	1.7	8.00	10.125/7.412	1.7
	98	41.95	42.074/41.878	—	41.98	42.074/41.878	—	41.98	42.074/41.878	—	41.98	42.074/41.903	—
中部	99	0.1	0.204/0.033	—	0.13	0.472/-0.064	—	0.11	0.497/-0.308	—	0.11	0.57/-0.357	—
	100	0.16	0.284/0.065	—	0.16	0.455/-0.179	—	0.16	0.48/-0.326	—	0.16	0.626/-0.326	—
	101	1.05	1.155/0.951	—	1.07	1.464/0.756	—	1.05	1.586/0.561	0.1	1.10	1.635/0.561	—
	102	1.37	1.54/1.271	—	1.37	1.858/1.027	—	1.39	1.955/0.856	0.15	1.47	2.053/0.782	—

激振加速度		0.4g white-noise			0.4g 第1次激振			0.4g 第2次激振			0.4g 第3次激振		
所在部位	通道	初始值	峰值	永久值	初始值	峰值	永久值	初始值	峰值	永久值	初始值	峰值	永久值
上部	96	-0.03	0.154/-0.481	—	-0.16	0.52/-0.92	—	-0.11	0.569/-0.944	—	-0.11	0.545/-0.993	—
	97	209.12	209.24/208.97	—	209.07	209.39/209	—	209.27	209.36/209.12	—	209.27	209.36/209.12	—
	98	41.98	42.074/41.873	—	41.98	42.074/41.878	—	42.00	42.171/41.903	—	42.05	42.171/41.976	—
中部	99	0.18	0.326/0.058	—	0.18	0.716/-0.333	—	0.18	0.765/-0.455	—	0.18	0.765/-0.479	—
	100	0.14	0.309/0.04	—	0.16	0.773/-0.472	—	0.19	0.821/-0.57	—	0.11	0.773/-0.57	—
	101	2.05	2.221/1.904	—	2.10	2.783/1.415	—	2.17	2.783/1.318	—	2.17	2.856/1.269	—
	102	2.52	2.737/2.346	—	2.47	3.226/1.907	—	2.54	3.3/1.76	0.2	2.69	3.3973/1.711	—

激振加速度		0.5g white-noise			0.5g 第1次激振			0.5g 第2次激振			0.5g 第3次激振		
所在部位	通道	初始值	峰值	永久值	初始值	峰值	永久值	初始值	峰值	永久值	初始值	峰值	永久值
上部	96	-0.37	-0.203/-0.594	—	-0.35	0.407/-1.277	—	-0.42	0.456/-1.326	—	-0.35	0.554/-1.399	—
	97	0.29	0.413/0.193	—	0.27	0.388/0.193	—	0.27	0.413/0.168	—	0.29	0.413/0.193	—
	98	-0.01	0.088/-0.083	—	-0.01	0.088/-0.083	—	0.04	0.088/-0.083	—	0.04	0.088/-0.083	—
中部	99	0.07	0.1658/-0.103	—	0.09	0.678/-0.664	—	0.09	0.727/-0.81	0.1	0.02	0.727/-0.883	0.1
	100	-0.01	0.085/-0.159	—	-0.01	0.695/-0.769	—	0.01	0.769/-0.916	0.1	-0.01	0.793/-1.013	—
	101	1.38	1.555/1.238	—	1.43	2.166/0.652	—	1.38	2.337/0.481	0.1	1.43	2.459/0.359	0.1
	102	1.34	1.559/1.241	—	1.34	2.17/0.63	0.15	1.46	2.414/0.459	—	1.49	2.512/0.312	0.1

激振加速度		0.7g white-noise			0.7g 第1次激振			0.7g 第2次激振			0.7g 第3次激振		
所在部位	通道	初始值	峰值	永久值	初始值	峰值	永久值	初始值	峰值	永久值	初始值	峰值	永久值
上部	96	-1.35	-1.204/-1.546	—	-1.33	-0.252/-2.474	—	-1.40	-0.154/-2.596	0.1	-1.57	-0.057/-2.766	—
	97	0.34	0.462/0.242	—	0.34	0.462/0.266	—	0.41	0.51/0.266	—	0.46	0.535/0.315	—
	98	-0.01	0.088/-0.059	—	-0.01	0.088/-0.059	—	0.01	0.136/-0.059	—	-0.01	0.088/-0.059	—
中部	99	0.12	0.166/0.019	—	0.07	0.849/-0.81	—	0.09	1.044/-1.078	—	0.12	1.117/-1.249	—
	100	0.11	0.232/0.061	—	0.13	1.037/-0.745	—	0.13	1.33/-1.013	—	0.13	1.403/-1.184	—
	101	6.46	6.585/6.366	—	6.46	7.513/5.511	0.1	6.54	7.684/5.096	—	6.49	7.855/5.12	0.15
	102	6.18	6.275/5.982	—	6.15	7.179/5.224	0.15	6.18	7.473/4.931	0.1	6.28	7.742/4.907	0.15

续表

激振加速度		0.9g white-noise			0.9g 第 1 次激振			0.9g 第 2 次激振			0.9g 第 3 次激振		
所在部位	通道	初始值	峰值	永久值	初始值	峰值	永久值	初始值	峰值	永久值	初始值	峰值	永久值
上部	96	-.52	-1.253/-1.668	—	-1.42	0.407/-3.133	—	-1.55	0.334/-3.401	—	-1.52	0.334/-3.645	0.2
	97	0.41	0.535/0.315	—	0.49	0.535/0.315	—	0.44	0.535/0.315	—	0.44	0.535/0.29	—
	98	0.04	0.136/-0.383	—	0.01	0.136/-0.059	—	-0.01	0.234/-0.059	—	0.16	0.258/0.039	—
中部	99	0.09	0.156/-0.005	—	0.12	1.312/-1.225	—	0.09	1.556/-1.786	—	0.12	1.581/-1.883	—
	100	0.13	0.305/0.036	—	0.13	1.574/-1.184	—	0.11	1.794/-1.721	0.15	0.33	1.891/-1.77	—
	101	6.66	6.8C5/6.463	—	6.63	8.173/5.169	0.1	6.81	8.637/4.778	0.2	6.98	9.149/4.95	0.3
	102	6.50	6.544/6.251	—	6.50	8.084/5.078	0.25	6.76	9.061/5.053	0.5	7.16	9.917/5.371	0.6

由表 5-7 可得出以下结论。

(1)汶川—清平地震波 0.2g 激振时边坡体内部测点在坡顶处的开始产生永久变形值，但其变形值较小，边坡顶部滑体内的测点 97、98 地震过后的永久变形值为 0.07mm 和 0.12mm，位移峰值为 0.436mm 和 0.193mm，坡体内部其他测点尚未产生位移响应，尤其是基岩内的位移测点。

(2)0.3g 第 2 次激振和第 3 次激振时边坡顶部滑体内的测点 97(图 5-31)产生的永久变形值为 4mm，测点 98 的拉线位移计在拉力和地震力作用下已被拔出，数据失效，位于基岩内的测点 96 也开始产生位移响应，位移峰值为 0.682mm。边坡中部坡体内部的位移测点在 0.3g 地震时也开始产生位移响应，从坡体内部向外位移响应值依次增大，最大值为 0.68mm，但无永久变形值产生。

(3)0.4g 激振时边坡体内通道测点 97 的拉线式位移计已被拔出，数据失效，通道测点 96 位移响应值大于 0.3g 激振时，未产生永久变形值。坡体中部测点的位移响应值从坡体内部向外依次增大，并且大于 0.3g 地震波激振时的数据，滑体内测点 101 和测点 102 已产生永久变形值，但其变形值发生在 0.3g El Centro 波和人工波作用的占主导地位。

(4)0.5g 激振时边坡体中部滑体内的测点 101 和测点 102 永久变形值较接近，为 0.2mm。

(5)0.7g 激振时坡体中部滑体内的测点 101 和测点 102 永久变形值为 0.25mm，坡体内中部测点的地震响应峰值依然是由坡内向外逐渐增大的。

(6)汶川—清平地震波 0.9g 激振时，坡体中部基岩内和滑体内均产生永久变形，测点 96 的永久变形值为 0.2mm，测点 100 的永久变形值为 0.15mm，测点 101 的永久变形值为 0.6mm，测点 102(图 5-32)的永久变形值为 1.35mm。

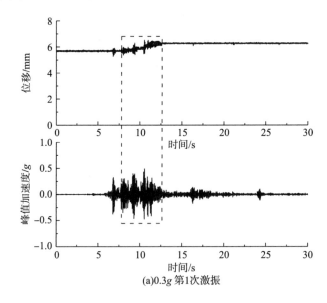

(a)0.3g 第1次激振

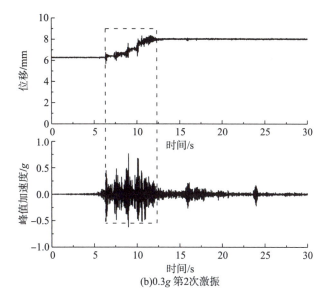

(b)0.3g 第2次激振

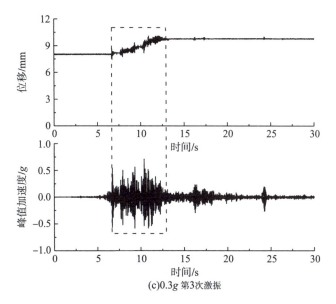

(c)0.3g 第3次激振

图 5-31　汶川—清平地震波 0.3g 激振下测点 97 位移时程曲线

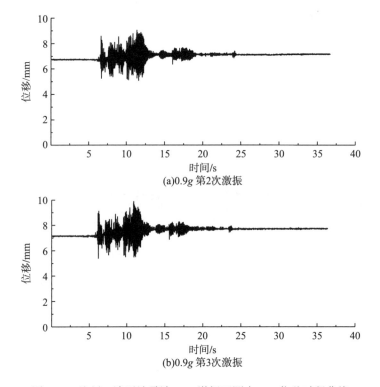

(a)0.9g 第2次激振

(b)0.9g 第3次激振

图 5-32　汶川—清平地震波 0.9g 激振下测点 102 位移时程曲线

　　监测点分布如图 5-33 所示，坡体内部测点位移响应峰值如图 5-34 所示。由图中可知，坡体内部测点的位移响应峰值均随着输入地震波峰值加速度的增加而增大，在 0.3～0.5g 地震波作用下坡体中部测点的位移响应峰值由内向外逐渐增大，其他加载工况下无明显规律。坡体内上部断面的测点 98 在 0.2g 地震波作用后已发生破坏，测点 97 在 0.3g 地震波激振后拉线式位移计被拔出，测点失效。

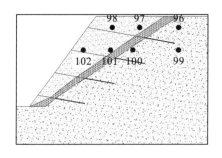

图 5-33　坡体内部测点分布示意图

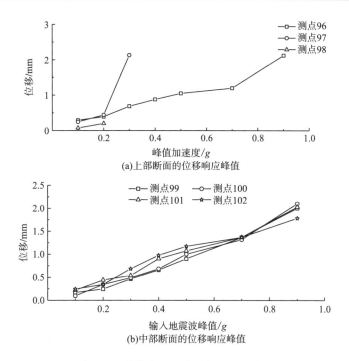

(a)上部断面的位移响应峰值

(b)中部断面的位移响应峰值

图 5-34 坡体内部测点的位移响应峰值

当输入地震波峰值不大于 0.3g 时，锚固边坡体的地震动响应均不明显，整体稳定性较好；在峰值加速度为 0.3g 的地震波作用下，坡体顶部、临空面方向出现部分剥皮垮塌，同时在坡顶出现较为明显的纵向裂缝(宽度为 0.5cm、长度为 80cm)和横向裂缝(宽度为 1cm、长度为 20cm)，坡体无明显永久变形值；在 0.4g 地震波作用下，坡顶的纵向裂缝和横向裂缝向坡体内部发展，临空面方向的剥蚀掏空现象向坡体下部发展，坡体沿潜在滑移面开始出现整体滑动；随着输入地震波峰值的进一步增大，在 0.7g 地震波作用下，边坡体顶部破碎、裂缝交错，沿潜在滑裂面出现 5cm 的向下滑动面。试验结束后锚索框架梁完好，并且无永久变形值产生。

各工况下震后边坡体破坏形式如图 5-35 所示。

(a)0.3g (b)0.7g

图 5-35 各工况下震后边坡体破坏形式

由以上阐述的锚固边坡体在地震作用下的宏观现象(图 5-35)可知，边坡体在预应力锚索框架梁的作用下，整体稳定性较好，震害主要发生在边坡体顶部，表现为坡顶的震碎和临空面坡体的剥蚀滑落，地震对边坡体破坏形态是由上向下、从临空面到坡体内部逐步发展的。

5.8   加速度动力响应特性

振动台模型试验时加速度传感器的布置如图 5-22 所示，本书研究主要集中在软弱结构面上下、坡面和坡体内部的加速度放大效应。加速度放大系数取滤波后实测加速度峰值与模型箱底部加速度传感器 AF2 监测峰值加速度之比。

5.8.1   台面实测与输入加速度响应时程曲线对比

振动台模型试验时在台面和模型箱底部分别布置编号为 AF1 和 AF2 的加速度测点，其在各工况加载下的峰值如表 5-8 所示。

表 5-8   试验输入加速度峰值与台面监测峰值(单位：g)

激振加速度峰值	台面 AF1 监测峰值	模型箱底部 AF2 监测峰值
0.1	0.08	0.08
0.2	0.17	0.17
0.3	0.23	0.23
0.4	0.32	0.34
0.5	0.38	0.41
0.7	0.51	0.55
0.9	0.74	0.8

输入地震波峰值 0.1g 和 0.5g 分别如图 5-36 和图 5-37 所示。

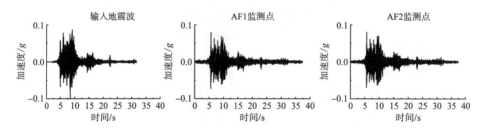

图 5-36   输入地震波峰值 0.1g

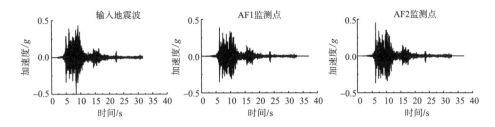

图 5-37 输入地震波峰值 0.5g

由表 5-7、图 5-36 和图 5-37 可知，台面监测到的地震波峰值总是小于输入地震波峰值，但其加速度时程曲线波形一致，因此本书以台面的实测加速度峰值与边坡体内部的加速度峰值响应作对比来研究坡体的加速度放大效应。

5.8.2 软弱结构面对边坡体地震加速度响应的研究

A6、A7、A8 加速度传感器分别位于模型边坡中的软弱结构面下、软弱结构面内和软弱结构面上，高程分别为 80cm、100cm、120cm 处，取该组测点所在断面为软弱结构面 I；A12、A13、A14 加速度传感器也分别位于模型边坡中的基岩、软弱结构面内和滑体内(图 5-38)，高程分别为 15cm、35cm、55cm，取该组测点所在断面为软弱结构面 II。本次试验时软弱结构面 I、II 所代表测点的加速度峰值响应情况及放大系数如表 5-9 所示。

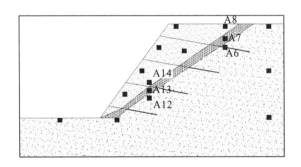

图 5-38 加速度传感器分布示意图

表 5-9 软弱结构面 I、II 在不同加载工况下的加速度峰值实测值与放大系数

传感器编号	高程/cm	0.1g		0.2g		0.3g		0.4g	
		数值	放大比	数值	放大比	数值	放大比	数值	放大比
A6	80	0.22	2.94	0.40	2.43	0.63	2.70	0.86	2.56
A7	100	-0.27	3.52	0.50	3.01	1.26	5.44	1.90	5.63

续表

传感器编号	高程/cm	0.1g		0.2g		0.3g		0.4g	
		数值	放大比	数值	放大比	数值	放大比	数值	放大比
A8	120	-0.26	3.43	0.46	2.75	0.74	3.18	1.23	3.66
A12	15	0.10	1.30	0.20	1.23	0.30	1.29	-0.44	1.31
A13	35	0.11	1.49	0.23	1.39	0.32	1.38	-0.48	1.43
A14	55	0.15	1.91	0.29	1.76	0.37	1.57	-0.53	1.56

传感器编号	高程	0.5g		0.7g		0.9g	
		数值	放大比	数值	放大比	数值	放大比
A6	80	0.89	2.18	-0.98	1.78	1.48	1.85
A7	100	2.05	5.00	1.92	3.47	2.04	2.54
A8	120	1.72	4.20	1.49	2.69	1.74	2.17
A12	15	-0.57	1.39	-0.74	1.34	1.28	1.60
A13	35	-0.61	1.50	-0.76	1.38	1.36	1.70
A14	55	-0.65	1.58	0.75	1.35	-1.29	1.61

　　软弱结构面 I、II 所代表测点的加速度放大效应随输入地震波峰值的变化规律如图 5-39 和图 5-40 所示。由图可知，在 0.1～0.9g 输入地震波作用下，坡体上部断面内的 3 个测点的加速度响应始终是软弱结构面内最大，其次是滑体内，最后为基岩表面的测点。软弱结构面 II 所代表的监测点高程较小，在输入地震波峰值不大于 0.5g 时基本不受软弱结构面的影响，加速度放大效应表现为随高程的增加而增大，当输入地震波峰值为 0.7g 和 0.9g 时，软弱结构面内的加速度放大效应最大，基岩表面和滑体内的加速度放大系数值大小基本相同。

　　比较图 5-39 和图 5-40 处的加速度放大系数可知，对于边坡内含软弱夹层的折线形滑面来讲，高程越大软弱结构面两侧的加速度响应差异越强烈，地震的破坏作用最先发生在坡体上部。在峰值加速度为 0.3g 的输入地震波作用下，坡体上部软弱结构面两侧的加速度放大系数陡然间增加，此加速度差异可能导致单一锚索框架梁支护后的边坡上部产生变形。

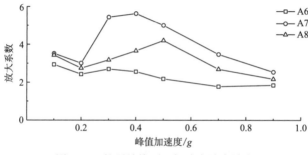

图 5-39　软弱结构面 I 加速度放大效应

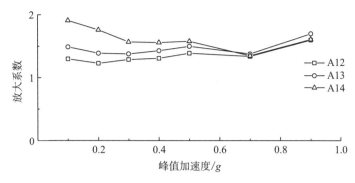

图 5-40　软弱结构面 II 加速度放大效应

5.8.3　坡体内部基岩内的加速度响应

本次振动台模型试验时在边坡内部基岩内分别布置 3 个加速度测点,其高程相对于坡脚分别为 0cm、60cm、120cm。在输入地震波作用下各测点的加速度峰值实测值与放大系数如表 5-10 所示。加速度放大系数取实测加速度峰值与模型箱底部 AF2 测点的峰值加速度之比。

表 5-10　各加载工况下基岩内测点的加速度峰值实测值与放大系数

传感器编号	高程/cm	0.1g		0.2g		0.3g		0.4g	
		数值	放大比	数值	放大比	数值	放大比	数值	放大比
A1	0	0.09	1.23	0.16	0.97	0.25	1.06	0.35	1.05
A3	60	0.15	1.92	0.27	1.65	0.35	1.52	-0.40	1.17
A5	120	-0.26	3.39	0.45	2.71	0.63	2.70	0.77	2.27

传感器编号	高程/cm	0.5g		0.7g		0.9g	
		数值	放大比	数值	放大比	数值	放大比
A1	0	0.46	1.13	0.64	1.15	0.86	1.07
A3	60	-0.48	1.16	0.68	1.24	1.15	1.43
A5	120	-0.89	2.18	-1.09	1.98	1.80	2.24

由图 5-41 可知,在输入地震波峰值加速度不大于 $0.2g$ 时基岩内测点的加速度放大效应为随高程的增加呈线性增长,当峰值加速度大于 $0.3g$ 时基岩内各测点的加速度放大效应随高程的增加而出现非线性增长。边坡顶部测点 A5 的加速度放大效应为随着输入地震波峰值加速度的增加而减小;当输入地震波峰值加速度不大于 $0.5g$ 时边坡中部测点的加速度放大效应随着输入地震波峰值加速度的增加而减小,在峰值加速度为 $0.7g$ 和 $0.9g$ 的汶川—清平地震波作用下,边坡中部测点的加速度放大效应又开始出现增加的趋势;边坡底部基岩内测点的加速度放大效应无明显的规律可循,其放大系数为 $0.97 \sim 1.23$。

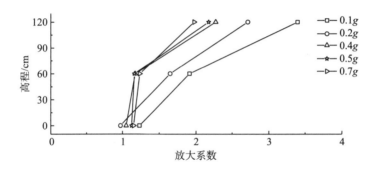

图 5-41   各加载工况下峰值加速度随高程的变化规律

5.8.4   坡面测点的加速度响应

本次振动台模型试验时在坡脚布置一个测点，在坡面上按等间距布置 4 个测点来监测边坡面的地震动加速度响应情况，测点分布如图 5-42 所示，其高程相对于坡脚分别为 0cm、30cm、60cm、90cm、120cm，各加载工况下坡面监测点的加速度峰值实测值与放大系数如表 5-11 所示。在输入地震波峰值加速度不大于 0.3g 时坡面各测点的加速度放大系数随着高程的增加而增大；当输入地震波峰值加速度为 0.4g 或 0.5g 时高程 90cm 处的测点 A20 为其转折点，加速度放大系数小于高程 60cm 处的测点 A19，其他测点的加速度放大系数仍然为随着高程的增加而增大；当输入地震波峰值增加到 0.7g 和 0.9g 时，高程 60cm 处的测点 A19 为其转折点，加速度放大系数小于高程 30cm 处的测点 A18。

表 5-11   各加载工况下坡面测点的加速度峰值实测值与放大系数

传感器编号	高程/cm	0.1g		0.2g		0.3g		0.4g	
		数值	放大比	数值	放大比	数值	放大比	数值	放大比
A22	0	0.09	1.14	-0.20	1.19	0.28	1.21	-0.46	1.36
A18	30	0.12	1.60	0.27	1.60	0.37	1.57	-0.44	1.31
A19	60	0.17	2.23	-0.39	2.35	0.45	1.96	0.70	2.09
A20	90	0.21	2.72	0.40	2.39	0.49	2.12	-0.59	1.75
A21	120	-0.33	4.29	0.52	3.13	-0.70	3.04	-0.86	2.54

传感器编号	高程/cm	0.5g		0.7g		0.9g	
		数值	放大比	数值	放大比	数值	放大比
A22	0	-0.60	1.46	-0.86	1.56	-1.50	1.87
A18	30	-0.83	2.02	-0.94	1.70	1.60	1.99
A19	60	0.84	2.05	-0.80	1.44	1.32	1.65
A20	90	-0.69	1.69	-0.82	1.49	-1.28	1.59
A21	120	-1.16	2.83	1.71	3.10	-2.21	2.75

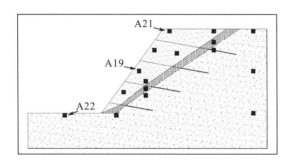

图 5-42　坡面监测点分布示意图

由图 5-43 可知，在输入地震波峰值加速度为 0.1～0.3g 的汶川—清平地震波作用下各测点的加速度峰值为随着高程的增加而增大，随着输入地震波 PGA 的增大而减小，坡顶测点最为明显。在输入地震波峰值加速度为 0.4～0.9g 的汶川—清平波地震作用下各测点的加速度峰值表现为坡顶最大，坡脚最小，在 0.4g 和 0.5g 地震波作用下坡体中上部加速度放大效应小于坡体中部，在 0.7g 和 0.9g 地震波作用下坡体中部及中上部加速度放大效应小于坡体下部。

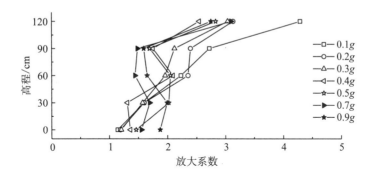

图 5-43　各加载工况下坡面监测点的峰值加速度随高程的变化规律

图 5-44 依次列出了坡脚处、坡面中部和坡顶处测点的峰值加速度放大系数与输入地震波峰值加速度的关系曲线。坡脚处的加速度放大系数随着输入地震波峰值加速度的增加而增大，坡面中部的加速度放大系数随着输入地震波峰值加速度的增加而减小，坡面顶部的加速度放大系数在输入地震波峰值由 0.1g 变为 0.2g 时明显下降，直到 0.4g 时均随着输入地震波峰值加速度的增加而减小。

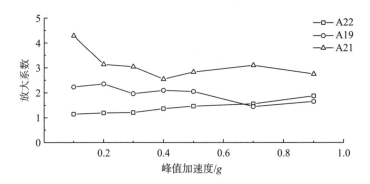

图 5-44　坡面上、中、下部测点的峰值加速度随输入地震波 PGA 的变化规律

5.8.5　边坡加速度临空面放大效应

本次振动台模型试验时，在坡脚处和边坡顶部设置两个监测断面用以研究边坡的临空面放大效应，坡脚处断面的监测点由里向外依次为 A1、A15、A22，坡顶处断面的加速度监测点由里向外依次为 A5、A8、A21，此两断面在各加载工况下的加速度峰值实测值与放大系数如表 5-12 所示。

表 5-12　各加载工况下边坡临空面效应的加速度峰值实测值与放大系数

编号	距坡面深度/cm	0.1g		0.2g		0.3g		0.4g	
		数值	放大比	数值	放大比	数值	放大比	数值	放大比
A1	210	0.09	1.23	0.16	0.97	0.25	1.06	0.35	1.05
A15	30	0.08	1.02	0.20	1.19	0.29	1.26	0.42	1.25
A22	−50	0.09	1.14	−0.20	1.19	0.28	1.21	−0.46	1.36
A21	10	−0.33	4.29	0.52	3.13	−0.70	3.04	−0.86	2.54
A8	80	−0.26	3.43	0.46	2.75	0.74	3.18	1.23	3.66
A5	130	−0.26	3.39	0.45	2.71	0.63	2.70	0.77	2.27

编号	距坡面深度/cm	0.5g		0.7g		0.9g	
		数值	放大比	数值	放大比	数值	放大比
A1	210	0.46	1.13	0.64	1.15	0.86	1.07
A15	30	0.52	1.26	0.70	1.27	1.02	1.27
A22	−50	−0.60	1.46	−0.86	1.56	−1.50	1.87
A21	10	−1.16	2.83	1.71	3.10	−2.21	2.75
A8	80	1.72	4.20	1.49	2.69	1.74	2.17
A5	130	−0.89	2.18	−1.09	1.98	1.80	2.24

由图 5-45 可知，在峰值加速度为 0.1～0.3g 的汶川—清平地震波作用下坡脚断面不存在临空面放大效应，随着输入地震波峰值加速度的增加，在 0.4g 以后开始出现临空面放大效应，并且随着输入地震波峰值加速度的增大而增强。

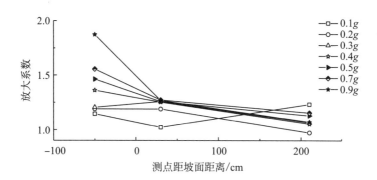

图 5-45　边坡底部加速度测点的临空面放大效应

注："+"代表位于坡体内

由图 5-46 可知，在输入地震波峰值加速度为 0.1g 和 0.2g 的汶川—清平地震波作用下，坡顶处监测断面存在临空面放大效应，并且随着输入地震波峰值加速度的增大而减小；在 0.3～0.5g 地震波作用下，受软弱结构面影响坡体顶部中间测点的加速度放大效应大于坡面；在 0.7g 和 0.9g 的地震波作用下，坡顶处监测断面又开始出现临空面放大效应。

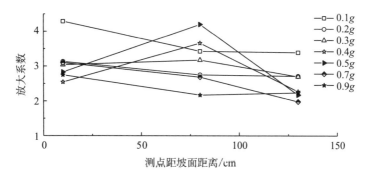

图 5-46　边坡顶部加速度测点的临空面放大效应

5.9　本　章　小　结

在汶川地震边坡及支挡结构震害调查的基础上，选取川西高原地区典型直线滑动边坡工点进行设计，并完成了一个 1∶20 的缩尺比例的预应力锚索框架梁加固边坡的大型振动台模型试验，详细介绍了试验模型的设计、制作及模拟地震加载工况，试验得出该结构加固边坡的地震动响应特征如下。

(1)通过输入不同地震动参数的荷载，实测了地震作用下预应力锚索框架梁模型的轴力、位移和加速度动力响应时程数据，分析了坡体及结构的响应特性。

(2)锚固体系的轴力响应沿高程的分布呈非线性特征，轴力响应峰值远大于永久变形值，但由于峰值作用时间较短，小于对锚固体系产生破坏的"有效时间段"，因此不能作为判断锚固体系失效的依据。在低烈度区按现有的锚索受力均摊原则可满足要求，对于高烈度区的锚固体系设计应考虑边坡上下进行分区的原则，以达到设计的合理性、安全性。

(3)边坡体内部的变形与框架梁面上的变形不一致，在地震作用下由于预应力锚索框架梁的加固作用将显著降低坡面的位移响应，边坡体局部土体出现掏空、滑塌的现象，但锚索框架梁和边坡总体稳定性仍然较好。

(4)软弱结构面的存在显著地改变了地震波在坡体内的传播规律，高程较大处软弱结构面的加速度响应较两侧明显增强，边坡的破坏首先从坡体上部启动。

第6章 锚索框架梁的抗震数值计算与设计

大型振动台模型试验的最大优点是能够重现地震对边坡的影响(这里仅就边坡开展讨论),以此揭示边坡运动机理、展示破坏模式等,但是大型振动台模型试验也存在一些缺陷。例如,由于测试通道数量有限,无法布置足够数量的测试传感器,其次若布置太多的测试传感器,这些测试器械(包括连接电缆线等)必将影响边坡的动力响应,即影响测试结果。由于存在上述缺陷,试验人员通常无法绘出在大型振动台试验中边坡整个坡体截面的运动状态、受力状态,特别是软弱结构面的动力特性。为了克服上述缺陷,弥补大型振动台试验的不足,本章利用有限差分分析技术进一步分析大型振动台试验模型,在利用大型振动台试验结果标定有限差分分析结果后,利用有限差分的计算优势,进一步揭示边坡在地震荷载作用下不同测点的动力响应,特别是软弱结构面的动力响应。在上述工作的基础上,本章提出了锚索框架梁的抗震设计方法。

6.1 边坡振动台数值分析

6.1.1 非线性动力反应分析

本书利用 FLAC3D 对预应力锚索框架梁加固边坡的振动台试验进行了模拟,动力分析计算流程如图 6-1 所示。

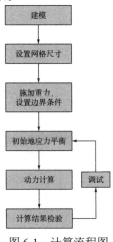

图 6-1 计算流程图

其中，初始地应力平衡和动力计算过程如图 6-2 和图 6-3 所示。

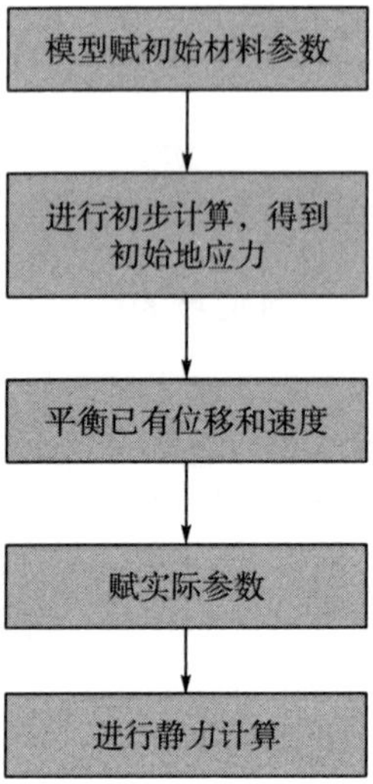

```
┌─────────────────┐        ┌─────────────────┐
│  模型赋初始材料参数  │        │  平衡已有位移和速度  │
└────────┬────────┘        └────────┬────────┘
         ↓                          ↓
┌─────────────────┐        ┌─────────────────┐
│  进行初步计算，得到  │        │     设置阻尼      │
│    初始地应力     │        └────────┬────────┘
└────────┬────────┘                 ↓
         ↓                 ┌─────────────────┐
┌─────────────────┐        │    施加动力荷载    │
│  平衡已有位移和速度  │        └────────┬────────┘
└────────┬────────┘                 ↓
         ↓                 ┌─────────────────┐
┌─────────────────┐        │  施加静态边界或自由  │
│     赋实际参数     │        │     场边界       │
└────────┬────────┘        └────────┬────────┘
         ↓                          ↓
┌─────────────────┐        ┌─────────────────┐
│     进行静力计算    │        │     动力计算      │
└─────────────────┘        └─────────────────┘
```

　　图 6-2　初始地应力平衡 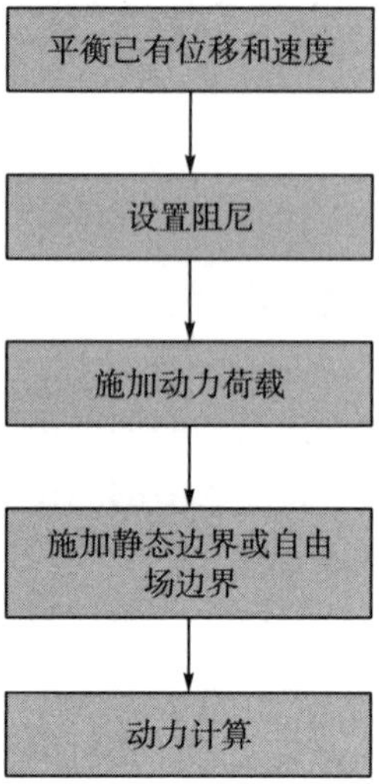　　　　　　　　图 6-3　动力计算过程

当对 FLAC3D 模型进行动力分析时，有 3 个方面需要特别注意：①网格尺寸；②边界条件；③阻尼。本章对这 3 个方面的设置如下。

1. 设置合适的网格尺寸以满足波的精确传播

为了精确模拟波在模型中的传播[122]，网格尺寸 Δl 须满足如下条件。

$$\Delta l \leqslant \left(\frac{1}{8} \sim \frac{1}{10} \right) \lambda \tag{6-1}$$

式中，λ 为输入波形最高频率对应的波长。由于试验中输入波形的最高频率 $f_{max}=90Hz$，土体的最小波速为 $v_{min}=200m/s$，因此 $\lambda=v_{min}/f_{max} = 200/90 \approx 2.22m$，故网格尺寸 $\Delta l \leqslant 0.22m$。

2. 边界条件和动力荷载

在静力分析中，固定或弹性边界条件可置于离感兴趣区域较远的位置。而在动力分析中，固定边界不允许必要的能量辐射，这会使边界上的地震波反射回模型，影响计算模型中的地震响应。为此，在动力计算过程中将固定边界改为静态边界条件。当动力荷载施加在模型底部或顶部时，静态边界尽量不要设置在边界的四周，因为波能量可能从四周溢出，此时，宜在模型四周使用自由场边界。

动力荷载可分为加速度、速度或应力荷载。静态边界上的作用是根据边界上的速度分量得出，再施加加速度或速度荷载会使其失效。因此，静态边界位置不能施加加速度、速度荷载，而只能施加应力荷载。如果模型底部材料刚度较大，则可解除模型底部的静态边界，施加加速度或速度荷载。

考虑计算模型底部为岩石，故解除模型底部所有约束，在其上施加加速度荷载，模型四周添加自由场边界条件。具体地，模型中边界条件和动力荷载的设置如图 6-4 所示。

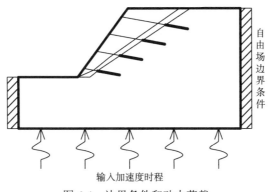

图 6-4　边界条件和动力荷载

3. 阻尼

阻尼是由材料的内部摩擦和接触面之间的滑移而引起的能量消耗。阻尼矩阵（C）与质量矩阵（M）和刚度矩阵（K）成正比，其计算公式为

$$C = \alpha M + \beta K \tag{6-2}$$

式中，α 为与质量分量成正比的阻尼常数；β 为与刚度分量成正比的阻尼常数。

与质量分量成正比的部分类似于连接每一个 FLAC3D 节点到大地的阻尼器，与刚度分量成正比的部分类似于连接 FLAC3D 内单元的阻尼器。FLAC3D 动力计算提供 3 种阻尼形式，分别为瑞利阻尼、局部阻尼和滞回阻尼。其中，局部阻尼适用于单一频率成分的波。由于地震波频率成分较多，因此局部阻尼的使用受到限制；滞回阻尼目前尚不完善，在动力计算出现大应变时，分析结果存在缺陷。在某一个有限的频率范围内，瑞利阻尼基本与频率无关。因此本节计算时选择瑞利阻尼。

瑞利阻尼的设置需确定两个参数，即最小临界阻尼比 $\xi_{\min}$ 和最小中心频率 $f_{\min}$，其设置命令如下。

Set dyn damp Rayleigh　$\xi_{\min}$　$f_{\min}$

Bathe 和 Wilson[123]指出对于多自由度系统，临界阻尼比 ξ_i 与角频率 w_i 存在如下关系。

$$\xi_i = \frac{1}{2}\left(\frac{\alpha}{w_i} + \beta w_i\right) \tag{6-3}$$

临界阻尼比与最小临界阻尼比之比随角频率变化曲线如图 6-5 所示。由图可知，质量分量 α 主要影响角频率的低频成分，刚度分量 β 主要影响角频率的高频成分。

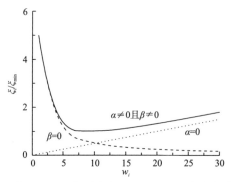

图 6-5　临界阻尼比与最小临界阻尼比之比与角频率关系

由上述考虑质量和刚度分量曲线的最小值可得到最小临界阻尼比和最小角频率。

$$\xi_{\min} = \left(\alpha\beta\right)^{1/2}, \quad w_{\min} = \left(\alpha / \beta\right)^{1/2}$$

或者

$$\alpha = \xi_{\min} w_{\min}, \quad \beta = \xi_{\min} / w_{\min}$$

最小中心频率 $f_{\min}$ 定义为

$$f_{\min} = w_{\min} / 2\pi \tag{6-4}$$

将模型假设为弹性材料，进行动力计算，得到各种材料关键部位的速度谱。逐渐调整最小中心频率 $f_{\min}$，使得频率范围 $f_{\min}\sim 3 f_{\min}$ 包含了动力能量的主要部分，此时 $f_{\min}$ 即为中心频率，其为输入频率和系统自振频率的叠加。对模型进行数值计算，得到其典型位置的速度谱如图 6-6 所示，故最小中心频率 $f_{\min}=0.5\mathrm{Hz}$。

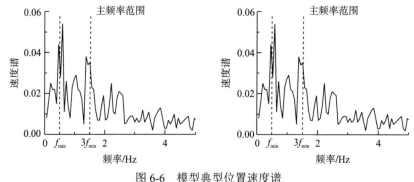

图 6-6　模型典型位置速度谱

对于一般岩土体参数，阻尼比为 2%~5%。对于结构系统，阻尼比为 2%~10%[124]。试验模型土体的最小阻尼比设置为 0.05，锚索和框架梁的最小阻尼比设置为 0.03。

6.1.2　计算模型的建立

根据已有试验模型，在模型右侧边界延长 50cm，得到计算模型如图 6-7 所示，其中模型厚度为 0.38m。振动台试验中在边坡从上到下共布置了纵向 4 排，水平向 3 排锚索轴力计，锚索端头固定在框架梁上，使其共同受力。

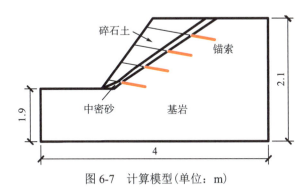

图 6-7　计算模型(单位：m)

根据振动台试验确定土体和结构的材料参数如表 6-1~表 6-3 所示。数值计算中所输入地震波与振动台试验的一致，分别输入 0.1g、0.2g、0.3g、0.4g、0.5g、0.7gX 方向的汶川—清平地震波、El Centro 地震波和人工波的加速度时程，共计算 18 个工况，输入地震波波形如图 6-8 所示。

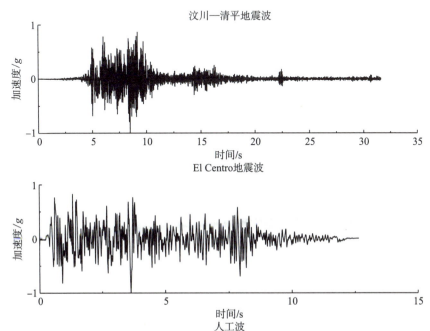

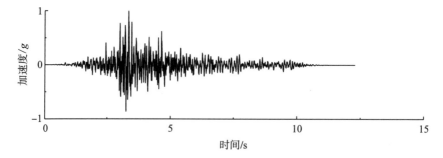

图 6-8　输入地震波波形(PGA=0.1g)

表 6-1　土层参数

土层	密度/(kg/m³)	含水率/%	黏聚力/kPa	内摩擦角/(°)	弹性模量/MPa	泊松比
碎石土	1900	13.95	8	25	79.2	0.2
中密砂	1773	3	1.2	20	3.05	0.3
基岩	2300	9.655	200	45	816	0.25

表 6-2　锚索参数

	密度/(kg/m³)	截面积/mm²	周长/cm	水泥浆黏结力/(kN/m)	水泥浆刚度/Pa	预应力/N
自由段	7850	3	2	0.001	1	50
锚固段	7850	7.065	0.942	1000	22.15×10⁶	0

表 6-3　框架梁参数

密度/(kg/m³)	截面积/cm²	弹性模量/GPa	泊松比
2400	3×3	1.5	0.2

6.1.3　计算结果与振动台试验结果比较分析

1. 结构受力分析

输入 0.4g 地震波后，得到锚索轴力如图 6-9 所示。由图可知，边坡中间部位锚索自由段轴力较小，坡顶端和坡底端附近锚索轴力较大。

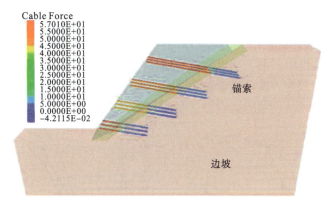

图 6-9　0.4g 锚索轴力图

数值模拟时对模型中锚索自由段端头轴力和水平位移进行监测，其在 0.2g、0.3g 地震波下的锚索轴力和水平位移时程曲线如图 6-10 所示，其中水平位移以离开坡面方向为正。由图可知，锚索轴力和位移均先增大，之后基本趋于稳定，并且轴力与位移增大的时间段基本一致，均发生在 5～12.5s 范围内。这是因为坡体土层之间的相对运动使得锚索自由段被拉伸，从而引起锚索轴力的增大，所以轴力与位移增大的时间段一致。

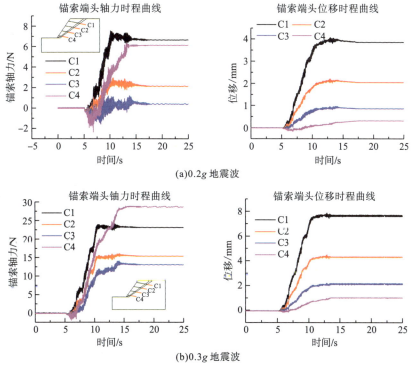

图 6-10　锚索轴力和水平位移时程曲线

　　图 6-11 所示为锚索自由段轴力峰值随输入加速度峰值的变化曲线。由图可知，数值计算结果和试验结果中锚索轴力峰值均随输入加速度峰值的增大而增大。由于数值计算模型中，每一层土体性质均一，因此沿坡面竖直方向布置的 4 根锚索轴力变化规律较为一致，锚索轴力之间的差异相比试验结果较小。

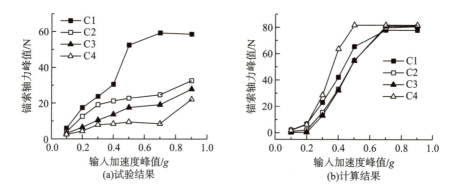

图 6-11　锚索自由段轴力峰值随输入加速度峰值的变化曲线

2. 位移响应分布及分析

　　为监测边坡体外部和内部的位移响应规律，在坡面、滑带左右共布置 23 个位移监测点(编号为 U1～U23)，具体监测示意图如图 6-12 所示。

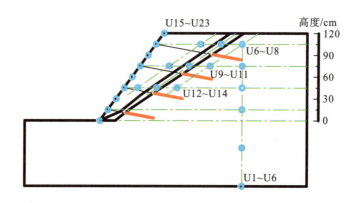

图 6-12　位移监测点示意图

1)坡面位移

　　在 $0.2g$、$0.3g$、$0.4g$ 地震波下，坡面水平位移峰值分布如图 6-13 所示。由图可知，试验结果和计算结果均表明，随高度增大，水平位移峰值呈增大趋势。由于受试验监测元件精度、试验与数值计算土体性质差异等的影响，因此数值计算位移略大于试验所得位移。

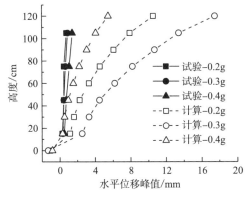

图 6-13　坡面水平位移峰值分布

2) 滑带附近位移

对比试验和计算结果中滑带附近的水平位移峰值，如图 6-14 所示。由图可知，试验和计算结果中滑带附近水平位移峰值均随输入加速度峰值的增大而增大。而试验中由于受拉线式位移计的精度、摩擦等误差，以及试验和数值计算土体材料性质差异的影响，计算所得水平位移峰值略大。

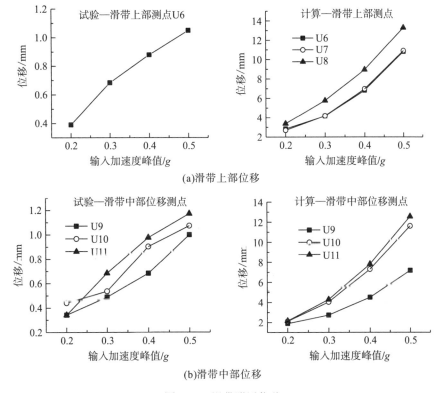

图 6-14　滑带附近位移

3. 加速度响应及分布分析

为了解边坡在地震作用下的加速度响应特性和分布规律，在软弱夹层附近、坡体内部和坡面布置加速度测点，监测加速度响应，加速度测点布置具体如图6-15 所示，共计 22 个加速度测点(编号为 A1～A22)。

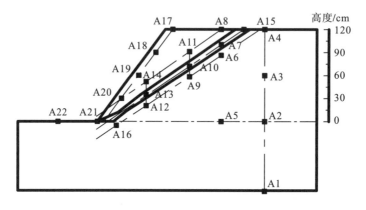

图 6-15　加速度测点布置图

1)加速度时程曲线

输入 0.3g 地震波，试验和计算模型底部采集到的加速度时程曲线如图 6-16 和图 6-17 所示。由图可知，试验和计算模型底部加速度波形均与输入波形一致，其峰值均略小于输入地震波峰值。

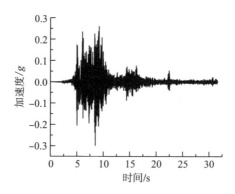

图 6-16　输入波

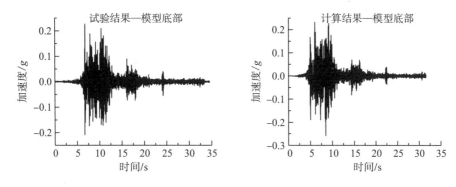

图 6-17　模型底部加速度时程曲线

2) 边坡软弱结构面附近加速度响应

在滑带下、滑带内和滑带上分别布置测点 A12、A13、A14，其高度分别为 15cm、35cm、55cm，采集其加速度响应，将加速度峰值除以模型底部加速度峰值得到相应位置的加速度放大系数。0.2g、0.3g 和 0.4g 地震波下滑带附近的加速度放大系数如图 6-18 所示。由图可知，试验和数值计算结果拟合较好，均呈现出沿高度增大的趋势。

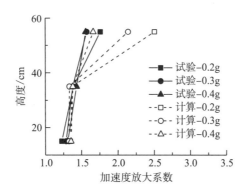

图 6-18　滑带附近加速度响应

3) 坡体内部加速度放大系数

坡体内部加速度放大系数沿高度变化规律如图 6-19 所示。由图可知，试验和计算所得加速度放大系数均随高度而呈增大趋势。由于数值计算中基岩材料选用摩尔-库伦模型，0.2g、0.3g、0.4g 地震波下，材料未达到塑性状态，因此沿高度其加速度放大系数近似呈线性增大。

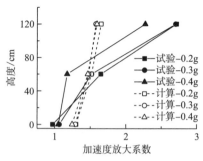

图 6-19 坡体内部加速度响应

4）坡面加速度响应

沿坡面布置加速度测点，试验和数值计算得到的加速度放大系数如图 6-20 所示。由图可知，加速度放大系数沿高度总体呈增大趋势，并且试验和数值计算结果拟合较好。

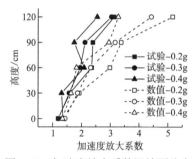

图 6-20 加速度放大系数沿坡面分布

由前述内容可知，数值计算所得加速度放大系数分布规律与试验基本一致。图 6-21 所示为 0.3g 地震波下加速度放大系数在边坡的分布。由图可知，在坡体内部，加速度放大系数沿高度增大。由下往上经过基岩、滑带和上覆土层，加速度放大系数随高度增加而增大。在坡面，加速度放大系数随高度增大。

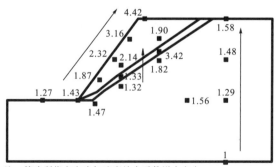

注：箭头所指方向为加速度放大系数增大方向

图 6-21 0.3g 地震波下加速度放大系数在边坡的分布

6.2　框架梁抗震设计方法

6.2.1　锚固边坡稳定性系数求解

预应力锚索框架梁加固边坡的示意图如 6-22 所示。其中坡面倾角为 ψ_f，边坡潜在滑移面倾角为 ψ_p，边坡高度为 H，坡顶裂缝距边坡外缘尺寸为 B，坡顶张拉裂缝的深度为 z，裂隙中水柱的高度为 z_w，第 i 排锚索的预应力为 T_i，地震产生惯性力的水平向系数为 k_h，竖直向系数为 k_v。

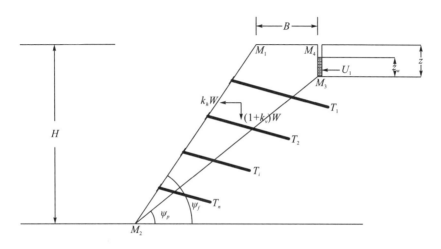

图 6-22　预应力锚索框架梁固边坡的示意图

边坡直线型破裂面上的抗滑力为

$$F_R = \tau A \tag{6-5}$$

式中，τ 为滑裂面上的剪切强度；A 为滑裂面的面积，在图中为 M_2M_3。

$$A = H\left(1 - \frac{z}{H}\right)\csc\psi_p \tag{6-6}$$

边坡顶部的宽度 B 由下式得出

$$B = H\left[\left(1 - \frac{z}{H}\right)\cot\psi_p - \cot\psi_f\right] \tag{6-7}$$

依据摩尔-库伦破坏准则，有

$$\tau = c + \sigma_n\tan\varphi \tag{6-8}$$

式中，σ_n 为破裂面上的正应力；c 为黏聚力；φ 为内摩擦角。

将式(6-8)代入式(6-5)，得

$$F_R = cA + F_n \tan\varphi \tag{6-9}$$

其中，$F_n = \sigma_n A$ 为破裂面上的法向力。考虑极限平衡原理，可得

$$
\begin{aligned}
F_n &= W\cos\psi_p - k_h W\sin\psi_p \pm k_v W\cos\psi_p - U_1\sin\psi_p - U_2 + \sum_{i=1}^{n} T_i\cos\alpha_i \\
&= W\left[(1\pm k_v)\cos\psi_p - k_h\sin\psi_p\right] - U_1\sin\psi_p - U_2 + \sum_{i=1}^{n} T_i\cos\alpha_i
\end{aligned} \tag{6-10}
$$

式中，T_i 为第 i 根锚索所施加的预应力；α_i 为第 i 根锚索与潜在破裂面法线方向的夹角；U_1 为边坡体顶部张拉裂缝中的水平向压力；U_2 为破裂面上的裂隙水产生的上浮力。

破裂面上滑动岩土体的重量为

$$W = \frac{1}{2}\gamma H^2 \left\{ \left[1 - \left(\frac{z}{H}\right)^2\right]\cot\psi_p - \cot\psi_f \right\} \tag{6-11}$$

坡顶裂缝中的水平向压力为

$$U_1 = \frac{1}{2}\gamma_w z_w \times z_w = \frac{1}{2}\gamma_w z_w^2 \tag{6-12}$$

式中，γ_w 为水的重度。

裂隙水在破裂面上产生的上浮力为

$$U_2 = \frac{1}{2}\gamma_w z_w H\left(1 - \frac{z}{H}\right)\csc\psi_p \tag{6-13}$$

将式(6-6)、式(6-7)、式(6-10)、式(6-11)、式(6-12)、式(6-13)代入式(6-9)，得

$$
\begin{aligned}
F_R &= cH\left(1-\frac{z}{H}\right)\csc\psi_p + \left(\frac{1}{2}\gamma H^2\left\{\left[1-\left(\frac{z}{H}\right)^2\right]\cot\psi_p - \cot\psi_f\right\}(1\pm k_v)\Big(\cos\psi_p\right. \\
&\quad \left. -\frac{k_h}{1\pm k_v}\sin\psi_p\right) - \frac{1}{2}\gamma_w z_w^2\sin\psi_p - \frac{1}{2}\gamma_w z_w H\left(1-\frac{z}{H}\right)\csc\psi_p + \sum_{i=1}^{n} T_i\cos\alpha_i \Big)\tan\varphi \\
&= cH\left(1-\frac{z}{H}\right)\csc\psi_p + \left(\frac{1}{2}\gamma H^2\left\{\left[1-\left(\frac{z}{H}\right)^2\right]\cot\psi_p - \cot\psi_f\right\}(1\pm k_v)\Big(\cos\psi_p\right. \\
&\quad \left. -\tan\theta\sin\psi_p\right) - \frac{1}{2}\gamma_w z_w^2\sin\psi_p - \frac{1}{2}\gamma_w z_w H\left(1-\frac{z}{H}\right)\csc\psi_p + \sum_{i=1}^{n} T_i\cos\alpha_i \Big)\tan\varphi \\
&= cH\left(1-\frac{z}{H}\right)\csc\psi_p + \left((1\pm k_v)\frac{1}{2}\gamma H^2\left\{\left[1-\left(\frac{z}{H}\right)^2\right]\cot\psi_p - \cot\psi_f\right\}\frac{\cos(\theta+\psi_p)}{\cos\theta}\right. \\
&\quad \left. -\frac{1}{2}\gamma_w z_w^2\sin\psi_p - \frac{1}{2}\gamma_w z_w H\left(1-\frac{z}{H}\right)\csc\psi_p + \sum_{i=1}^{n} T_i\cos\alpha_i \right)\tan\varphi
\end{aligned} \tag{6-14}
$$

其中

$$\theta = \tan^{-1}\left(\frac{k_h}{1 \pm k_v}\right) \tag{6-15}$$

由图 6-22 可知，下滑力的计算为

$$
\begin{aligned}
F_i &= \frac{1}{2}\gamma H^2\left\{\left[1-\left(\frac{z}{H}\right)^2\right]\cot\psi_p - \cot\psi_f\right\}\left[(1\pm k_v)\sin\psi_p + k_h\cos\psi_p\right] \\
&\quad + \frac{1}{2}\gamma_w z_w^2\cos\psi_p - \sum_{i=1}^{n}T_i\sin\alpha_i \\
&= (1\pm k_v)\frac{1}{2}\gamma H^2\left\{\left[1-\left(\frac{z}{H}\right)^2\right]\cot\psi_p - \cot\psi_f\right\}\left(\sin\psi_p + \frac{k_h}{1\pm k_v}\cos\psi_p\right) \\
&\quad + \frac{1}{2}\gamma_w z_w^2\cos\psi_p - \sum_{i=1}^{n}T_i\sin\alpha_i \\
&= (1\pm k_v)\frac{1}{2}\gamma H^2\left\{\left[1-\left(\frac{z}{H}\right)^2\right]\cot\psi_p - \cot\psi_f\right\}\left(\sin\psi_p + \tan\theta\cos\psi_p\right) \\
&\quad + \frac{1}{2}\gamma_w z_w^2\cos\psi_p - \sum_{i=1}^{n}T_i\sin\alpha_i \\
&= \frac{1}{2}\gamma H^2\left\{\left[1-\left(\frac{z}{H}\right)^2\right]\cot\psi_p - \cot\psi_f\right\}\frac{\sin(\theta+\psi_p)}{\cos\theta} + \frac{1}{2}\gamma_w z_w^2\cos\psi_p - \sum_{i=1}^{n}T_i\sin\alpha_i
\end{aligned}
\tag{6-16}
$$

进而可求得岩质边坡的稳定性系数 F_S，即

$$F_S = \frac{F_R}{F_i} \tag{6-17}$$

将式(6-15)、式(6-16)代入式(6-17)，得

$$F_S = \frac{2c^*P + \left[(1\pm k_v)Q\dfrac{\cos(\theta+\psi_p)}{\cos\theta} - \dfrac{z_w^{*2}}{\gamma^*}\sin\psi_p - \dfrac{z_w^*}{\gamma^*}P + 2\sum_{i=1}^{n}T_i^*\cos\alpha_i\right]\tan\varphi}{(1\pm k_v)Q\dfrac{\sin(\theta+\psi_p)}{\cos\theta} + \dfrac{z_w^{*2}}{\gamma^*}\cos\psi_p - 2\sum_{i=1}^{n}T_i^*\sin\alpha_i} \tag{6-18}$$

其中，$c^* = \dfrac{c}{\gamma H}$，$z^* = \dfrac{z}{H}$，$z_w^* = \dfrac{z_w}{H}$，$\gamma^* = \dfrac{\gamma}{\gamma_w}$，$T_i^* = \dfrac{T_i}{\gamma H^2}$。

$$P = (1-z^*)\csc\psi_p \tag{6-19a}$$

$$Q = (1-Z^{*2})\cot\psi_p - \cot\psi_f \tag{6-19b}$$

$$R = (1-z^*)\cot\psi_p - \cot\psi_f \tag{6-19c}$$

对特殊工况情况下的讨论如下。

(1)情况 1：破裂面上节理裂缝材料无黏性，没有锚固力、地震力和裂隙水压

力时，$c^* = 0$，$\varphi \neq 0$，$T_i^* = 0$，$k_h = 0$，$k_v = 0$，$\theta = 0$，$z_w^* = 0$ 通过式(6-18)得稳定系数为

$$F_S = \frac{\tan\varphi}{\tan\psi_p} \tag{6-20}$$

(2)情况 2：破裂面上节理裂缝材料无黏性，没有地震力和裂隙水压力时，$c^* = 0$，$\varphi \neq 0$，$T_i^* \neq 0$，$k_h = 0$，$k_v = 0$，$\theta = 0$，$z_w^* = 0$ 通过式(6-18)得稳定系数为

$$F_S = \frac{\left(Q\cos\psi_p + 2\sum_{i=1}^{n} T_i^* \cos\alpha_i\right)\tan\varphi}{Q\sin\psi_p - 2\sum_{i=1}^{n} T_i^* \sin\alpha_i} \tag{6-21}$$

(3)情况 3：破裂面上节理裂缝材料有黏性材料，没有地震力和裂隙水压力时，$c^* \neq 0$，$\varphi = 0$，$T_i^* \neq 0$，$k_h = 0$，$k_v = 0$，$\theta = 0$，$z_w^* = 0$ 通过式(6-18)得稳定系数为

$$F_S = \frac{2c^* P}{Q\sin\psi_p - 2\sum_{i=1}^{n} T_i^* \sin\alpha_i} \tag{6-22}$$

(4)情况 4：破裂面上节理裂缝材料为 $c - \varphi$ 材料、没有地震力和裂隙水压力时，$c^* \neq 0$，$\varphi \neq 0$，$T_i^* \neq 0$，$k_h = 0$，$k_v = 0$，$\theta = 0$，$z_w^* = 0$ 通过式(6-18)得稳定系数为

$$F_S = \frac{2c^* P + \left(Q\cos\psi_p + 2\sum_{i=1}^{n} T_i^* \cos\alpha_i\right)\tan\varphi}{Q\sin\psi_p - 2\sum_{i=1}^{n} T_i^* \sin\alpha_i} \tag{6-23}$$

(5)情况 5：破裂面上节理裂缝材料为 $c - \varphi$ 材料、没有地震力时，$c^* \neq 0$，$\varphi \neq 0$，$T_i^* \neq 0$，$k_h = 0$，$k_v = 0$，$\theta = 0$，$z_w^* \neq 0$ 通过式(6-18)得稳定系数为

$$F_S = \frac{2c^* P + \left(Q\cos\psi_p - \dfrac{z_w^{*2}}{\gamma^*}\sin\psi_p - \dfrac{z_w^*}{\gamma^*}P + 2\sum_{i=1}^{n} T_i^* \cos\alpha_i\right)\tan\varphi}{Q\sin\psi_p + \dfrac{z_w^{*2}}{\gamma^*}\cos\psi_p - 2\sum_{i=1}^{n} T_i^* \sin\alpha_i} \tag{6-24}$$

(6)情况 6：破裂面上节理裂缝材料为 $c - \varphi$ 材料、只有水平方向的地震力时，$c^* \neq 0$，$\varphi \neq 0$，$T_i^* \neq 0$，$k_h \neq 0$，$k_v = 0$，$\theta = \tan^{-1}(k_h)$，$z_w^* \neq 0$ 通过式(6-18)得稳定系数为

$$F_S = \frac{2c^* P + \left[Q\dfrac{\cos(\theta + \psi_p)}{\cos\theta} - \dfrac{z_w^{*2}}{\gamma^*}\sin\psi_p - \dfrac{z_w^*}{\gamma^*}P + 2\sum_{i=1}^{n} T_i^* \cos\alpha_i\right]\tan\varphi}{Q\dfrac{\sin(\theta + \psi_p)}{\cos\theta} + \dfrac{z_w^{*2}}{\gamma^*}\cos\psi_p - 2\sum_{i=1}^{n} T_i^* \sin\alpha_i} \tag{6-25}$$

与试验结果对比：

在第 5 章振动台模型试验中，潜在滑裂面相似材料黏聚力 c=1.2kPa，摩擦角

φ=20°。参考《铁路路基支挡结构设计规范（条文说明）》（TB10025—2006）12.2.4
中关于锚索下倾角计算公式：

$$\beta = \frac{45°}{A+1} + \frac{2A+1}{2(A+1)}\varphi - \alpha \tag{6-26}$$

式中，A 为锚索的锚固段长度与自由段长度之比；φ 为锚固段滑动面的内摩擦角；α 为滑动面倾角。

　　模型试验时取锚固倾角为 10°，边坡高度 H=1.2m，宽度为 1m，滑体重度为 19kN/m³，坡面角度为 53°，滑裂面倾角为 33°。由 5.8.2 节可知，该边坡模型在 0.2g 输入地震波作用下边坡开始产生滑动变形，而由图 6-23 可知，x=0.2g、z=0、T=2.4kN 时，F_S=1.03，即边坡即将达到其临界加速度，产生这种变形不一致的原因是在稳定性系数计算时未考虑边坡加速度沿高程放大的加速度影响。由图 6-23 可知，同时考虑水平向和竖直向加速度时，边坡的稳定性系数具有明显的分带特征，在水平向加速度一定时边坡稳定性系数随竖直向加速度的增加而减小，对边坡稳定性系数的影响：水平向地震加速度作用远大于竖直方向。

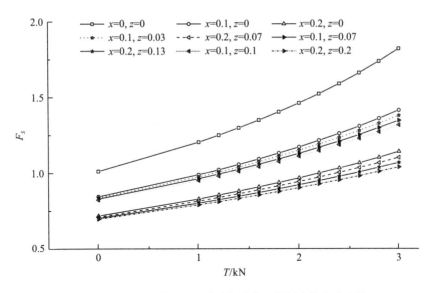

图 6-23　稳定性系数 F_S 随地震加速度及锚固力的变化曲线

6.2.2　自由段锚索地震轴力响应计算

　　通过集中质量法求解单孔锚索的地震轴力响应，对于多质点体系，如果将节点的相对位移、相对速度和相对加速度分别记为向量，即

$$\boldsymbol{u} = \left[u_1, u_2, \cdots, u_n\right]^{\mathrm{T}} \tag{6-27}$$

$$\dot{u} = \left[\dot{u}_1, \dot{u}_2, \cdots, \dot{u}_n\right]^{\mathrm{T}} \tag{6-28}$$

$$\ddot{u} = \left[\ddot{u}_1, \ddot{u}_2, \cdots, \ddot{u}_n\right]^{\mathrm{T}} \tag{6-29}$$

则，其在地震加速度 $\ddot{u}_{gx}(t)$ 作用下的运动的基本方程为

$$M\ddot{u} + C\dot{u} + Ku = -E\ddot{u}_{gx}(t) \tag{6-30}$$

式中，质量刚度矩阵 M 为

$$\begin{bmatrix} M_1 & & & & & \\ & M_2 & & & 0 & \\ & & M_3 & & & \\ & & & \ddots & & \\ & 0 & & & \ddots & \\ & & & & & M_n \end{bmatrix} \tag{6-31}$$

弹簧刚度矩阵 K 为

$$\begin{pmatrix} K_1+K' & -K_1 & & & & 0 \\ -K_1 & K_1+K_2+K' & -K_2 & & & \\ & -K_2 & K_2+K_3+K' & -K_3 & & \\ & & \ddots & \ddots & \ddots & \\ & & & -K_{n-2} & K_{n-2}+K_{n-1}+K' & -K_{n-1} \\ 0 & & & & -K_{n-1} & K_{n-1}+K_n+K' \end{pmatrix} \tag{6-32}$$

其中，$K_1, K_2, K_3, \cdots, K_n$ 取决于各相应土层的土性，假定边坡土体为均质的，即 $K_1 = K_2 = \cdots = K_n = k$，$K'$ 为框架梁弹簧刚度与锚索自由端弹簧刚度的差值，进而可简化弹簧刚度矩阵 K 为

$$\begin{pmatrix} k+K' & -k & & & & 0 \\ -k & 2k+K' & -k & & & \\ & -k & 2k+K' & -k & & \\ & & \ddots & \ddots & \ddots & \\ & & & -k & 2k+K' & -k \\ 0 & & & & -k & 2k+K' \end{pmatrix} \tag{6-33}$$

式中，E 可由下式表示

$$E = \left[M_1, M_2, M_3, \cdots, M_4\right]^{\mathrm{T}} \tag{6-34}$$

将边坡体的第 i 块取出可得：

$$M_i \frac{\partial^2 u_i}{\partial t^2} + \eta_k \frac{\partial u_i}{\partial t} + \eta_s \frac{\partial \left(2u_i - u_{i+1} - u_{i-1}\right)}{\partial t} + K' u_i + k\left(2u_i - u_{i+1} - u_{i-1}\right) = M_i \frac{\partial^2 u_g}{\partial t^2} \cos\alpha$$

$$(6\text{-}35)$$

式中，M_i 为第 i 块土体及框架梁的质量；η_k 为框架梁的阻尼；η_s 为边坡岩土体的阻尼；K' 为框架梁弹簧刚度 K_k 与锚索自由段弹簧刚度 K_f 的差值；$K' = K_k - K_f$，k 为土体的弹簧刚度系数；α 为锚索与滑面的夹角。

首先考虑质量集中，对于单孔锚索所加固的边坡体高度的要求如下。

(1) 第 i 排锚索自由段长度为 l_i，锚固倾角为 α，坡面上第 i 排锚索距坡脚距离取为 m_i，假设边坡每排锚索的锚固倾角均相同，自由段 l_i 在滑体内的竖直向高度为 $h_i = l_i \sin\alpha$，坡面上的第 i 排锚索与第 $i+1$ 排锚索在滑裂面上的高度为 $m_{i+1} - m_i - l_{i+1}\sin\alpha$，坡面上的第 $i-1$ 排锚索与第 i 排锚索在滑裂面处的高度为 $m_i - m_{i-1} - l_i\sin\alpha$，第 i 排锚索所加固的土体高度为

$$h = \frac{m_{i+1} - m_i - l_{i+1}\sin\alpha}{2} + \frac{m_i - m_{i-1} - l_i\sin\alpha}{2} + l_i\sin\alpha = \frac{m_{i+1} - m_{i-1}}{2} - \frac{l_{i+1} - l_i}{2}\sin\alpha$$

(2) 设锚索竖直向按等间距 H_v 布置，最下排锚索距坡脚的竖向距离为 H_1，最上排锚索距坡顶的竖向距离为 H_2，则 $h = H_v - \frac{l_{i+1} - l_i}{2}\sin\alpha$，对于锚固倾角较小且相邻锚索自由段差异较小的情况取 $h \approx H_v$。

(3) 第 i 块滑体的上边所在高度为

$$h_{i高} = m_i + \frac{m_{i+1} - m_i - l_{i+1}\sin\alpha}{2} = (i-1)H_v + H_1 + \frac{H_v - l_{i+1}\sin\alpha}{2} \qquad (6\text{-}36)$$

第 i 块滑体的下边所在高度为

$$h_{i低} = m_{i-1} + \frac{m_i - m_{i-1} - l_i\sin\alpha}{2} = (i-2)H_v + H_1 + \frac{H_v - l_i\sin\alpha}{2} \qquad (6\text{-}37)$$

设坡顶滑裂面距坡面外缘的距离为 B，则可得第 i 块滑体的上边宽度 B_1 和下边宽度 B_2。

$$B_1 = \frac{m_i + m_{i+1} - l_{i+1}\sin\alpha}{2H_{坡}} B \qquad (6\text{-}38)$$

$$B_2 = \frac{m_{i-1} + m_i - l_i\sin\alpha}{2H_{坡}} B \qquad (6\text{-}39)$$

第 i 块滑体面积 S 为

$$S = \frac{B_1 + B_2}{2} H_v \qquad (6\text{-}40)$$

(4) 假设锚杆的水平向间距为 H_h，则第 i 块滑体的土体重量 M_{i1} 为

$$M_{i1} = \rho_s H_h S \qquad (6\text{-}41)$$

(5) 锚索框架梁的横截面尺寸为 $a \times b$，边坡坡面角度为 ψ_f，滑裂面与坡脚水

平面之间的夹角为 ψ_p，第 i 个集中质量块中所包含的框架梁的重量 M_{i2} 为

$$M_{i2} = \rho_k ab\left(H_h + \frac{H_v}{\sin\psi_f}\right) \tag{6-42}$$

(6) 第 i 个集中质量 M_i 为

$$M_i = M_{i1} + M_{i2} = \rho_s H_h S + \rho_k ab\left(H_h + \frac{H_v}{\sin\psi_f}\right) = \rho_s H_h \frac{B_1 + B_2}{2} H_v + \rho_k ab\left(H_h + \frac{H_v}{\sin\psi_f}\right)$$

$$= \rho_s H_h H_v \frac{4H_1 + 4(i-1)H_v - (l_{i+1} + l_i)\sin\alpha}{2H_{坡}} H_{坡}\cot\psi_p - \cot\psi_f + \rho_k ab\left(H_h + \frac{H_v}{\sin\psi_f}\right)$$

$$= \rho_s H_h H_v \cot\psi_p - \cot\psi_f \frac{4H_1 + 4(i-1)H_v - (l_{i+1} + l_i)\sin\alpha}{2} + \rho_k ab\left(H_h + \frac{H_v}{\sin\psi_f}\right) \tag{6-43}$$

(7) 假设滑体内坡脚至坡顶的地震加速度呈线性放大的趋势，坡顶放大系数为 A，设第 i 块滑体的质心距坡脚的距离为 $H_{i质心}$，则第 i 块滑体的地震加速度 u_{gi} 为

$$u_{gi} = u_g + \frac{A-1}{H_{坡}} H_{i质心} \tag{6-44}$$

第 i 块滑体的质心距坡脚的距离为

$$H_{i质心} = \frac{h(2B_1 + B_2)}{3(B_1 + B_2)} + h_{i低} = \frac{H_v}{3} \frac{2\dfrac{m_i + m_{i+1} - l_{i+1}\sin\alpha}{2H_{坡}} B + \dfrac{m_{i-1} + m_i - l_i\sin\alpha}{2H_{坡}} B}{\dfrac{m_i + m_{i+1} - l_{i+1}\sin\alpha}{2H_{坡}} B + \dfrac{m_{i-1} + m_i - l_i\sin\alpha}{2H_{坡}} B} + h_{i低}$$

$$= \frac{H_v}{3} \frac{6H_1 + (6i-5)H_v - (2l_{i+1} + l_i)\sin\alpha}{4H_1 + 4(i-1)H_v - (l_{i+1} + l_i)\sin\alpha} + (i-2)H_v + H_1 + \frac{H_v - l_i\sin\alpha}{2} \tag{6-45}$$

将以上各式代入式(6-35)，即可得在任意时刻加速度下每一束锚索所在位置的锚索自由段轴力响应值。

6.2.3　工程实例计算

本节以雅安至康定高速公路某工点滑坡治理进行计算，如图 6-24 所示。该滑坡为直线滑动型滑坡，滑裂面长度为 111.63m，滑裂面倾角为 19.96°，滑体容重为 24kN/m³，自然工况和地震工况取 c=17.0kPa、φ=10°，暴雨工况取 c=16.0kPa、φ=8.5°，考虑Ⅶ度地震，地震加速度取 0.1g。仅考虑地震工况时取 F_s=1.05，按理正软件进行计算得锚固力为 2000kN/m。若按本章公式进行求解，ψ_p=20°，ψ_f=45°，z=z_w=0，c^*=0.03373，γ^*=2.4，T_i=0.09448，P=2.9238，R=Q=

1.747。将上述参数代入式(6-18)得，$F_s = 1.03$。由此可得，本章计算公式稳定性系数略小于规范计算结果，但两者相差不大，这说明本章计算公式的可靠性。

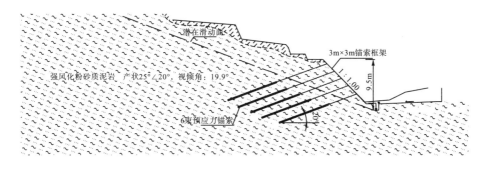

图 6-24　雅康高速直线滑动型边坡工点剖面图

定义锚索轴力峰值增加比为某时刻自由段轴力与预应力初始值的差值与预应力比值，对此边坡取加速度放大系数为 1.6，线性内插得到各锚索所在高度的加速度放大系数。按 6.2.2 节计算公式求取峰值加速度时刻对应的锚索轴力峰值增加比依次为 19%、8%、12%、40%、49%。

6.3　本　章　小　结

(1) 利用 FLAC3D 对锚索框架梁边坡的振动台试验进行了模拟，对边坡结构受力、坡体位移和加速度响应进行了研究。数值计算结果中锚索自由段轴力均随输入加速度峰值的增大而增大；边坡坡面上随高度增大水平位移峰值呈增大趋势；在坡体内部，加速度沿高度增大，在坡面，加速度放大系数随高度增大而增大。锚索轴力变化规律、位移和加速度峰值分布规律均与振动台模型试验结果吻合。

(2) 推导了考虑水平向、竖直向加速度、"地下水共同"作用下的锚固边坡的稳定性系数计算公式，同时考虑水平向和竖直向加速度时，边坡的稳定性系数具有明显的分带特征，在水平向加速度一定时边坡稳定性系数随竖直向加速度的增加而减小。

(3) 考虑加速度沿坡高的放大效应，通过集中质量法将边坡简化为多质点体系，求解了水平地震作用下锚索的地震轴力响应。

结论与展望

1. 本书主要结论

"5·12"汶川地震后公路路基、边坡及支挡结构的震害调查显示，锚索框架梁加固的边坡体具有良好的抗震性能，但由于缺乏对其抗震机理的认识，造成这一类型工程结构在高烈度地震区的使用受到限制。本书以汶川地震为契机，调查分析了四川、甘肃、陕西境内的 7081km 公路沿线的震害现象，归纳总结出边坡震害的类型、分布特征及不同支挡结构的震害差异性；以锚索框架梁加固边坡的震害特点为研究背景，设计并完成了土工离心机模型试验和岩锚体系动态拉拔试验，查清了框架地梁的受力分布特性、动荷载作用时锚固段的破坏现象及其剪应力分布形式；最后通过大型振动台模型试验和数值计算研究了用于加固边坡的预应力锚索框架梁在地震时的锚索所受轴力、边坡变形和加速度响应，探讨了预应力锚索框架梁的抗震设计方法。本书主要成果如下。

(1)汶川地震时路基及边坡震害主要发生在Ⅸ~Ⅺ烈度区，Ⅷ烈度区以下震害程度及数量较低，这为今后边坡及支挡结构的抗震设计指明了方向；硬质岩在卸荷、风化过程中产生的节理、裂隙弱化了岩体的抗剪强度，这类破碎岩体在地震时更易失稳；高度大、角度陡的路基边坡地震波放大效应明显增强，此时的震害现象也越严重，坡度大于 35°、高度大于 20m 的路基边坡是防护重点。

(2)震害调查发现采用防护措施的边坡破坏程度明显小于未防护的边坡，并且有防护的边坡产生的震害与边坡高度无明显关系，而未防护边坡震害与坡高呈正相关关系，因此在地震区对边坡进行适当防护能显著降低其震害。比较重力式挡土墙、锚杆锚索挂网喷混凝土(浆)、主动网、被动网、加筋土挡墙和预应力锚索框架梁等防护结构的破坏程度可知，锚索框架梁是一种有效的边坡抗震防护结构，应推广应用。

(3)利用离心机模型试验研究了预应力锚索框架梁梁身内力分布规律，得出最大正弯矩在锚头附近而最大负弯矩位于梁身中部。通过比较预应力锚索框架梁加固直线滑动型岩质边坡、上土下岩边坡和均质土坡时框架梁的受力特性差异性及与理论计算的比较，建议在锚索框架梁的静力设计计算时优先采用基于 Winkler 假定的初参数法。

(4)为了深入了解锚索框架梁的抗震机理，开展了单一锚固体系的动力荷载试验，完成了 10 个工况的试验。通过试验得到：①锚固体系中筋材-灌浆体界面剪应力分布呈单峰值曲线，实测有效锚固长度约为理论值的两倍；②加载频率提高将造成岩锚体系界面间极限承载力的下降，加载频率提高 50%时承载力减小约10%；③简化地震荷载下锚固体系的破坏可分为弹性变形阶段、界面初期脱黏阶段、界面脱黏发展阶段和界面完全脱黏阶段 4 个阶段；④结合岩锚体系破坏 4 个阶段的临界荷载-位移关系，给出了地震时锚固体系设计的位移控制标准，即重要结构位移允许值约为 1%，一般结构位移允许值约为 5%。

(5)通过大型振动台模型试验和数值分析，得到加固边坡体与预应力锚索框架梁的动力响应特性：①锚索预应力的地震响应特性沿高程出现空间非一致性，在低烈度区按现有的锚索受力均摊原则可满足要求，对于高烈度区的锚固体系设计应考虑边坡上下进行分区的原则，以达到设计的合理、安全；②锚索轴力响应峰值远大于残余轴力，但峰值作用时间较短，对锚固体系产生破坏的程度有限，因此不能作为判断锚固体系失效的依据；③在地震作用下预应力锚索框架梁的存在显著提高了边坡整体的稳定性，降低了边坡的位移响应，永久变形主要发生在边坡顶部的滑体内，坡体中下部无永久变形值产生，破坏现象表现为坡顶土体的局部掏空、滑塌；④软弱结构面的存在显著改变了地震波在坡体内的传播规律，高程较大处软弱结构面内的加速度响应明显大于其上下两侧的加速度，在峰值加速度为 0.3g 时软弱结构面内的加速度放大系数约为其上部的两倍，软弱结构面的破坏促使边坡上部整体滑移。

(6)推导了能够考虑水平向地震加速度、竖直向地震加速度和共同作用下锚固边坡的稳定系数计算方法，研究表明水平向加速度对边坡体的稳定性影响远大于竖向加速度。

$$F_S = \frac{2c^*P + \left[(1 \pm k_v)Q\dfrac{\cos(\theta + \psi_p)}{\cos\theta} - \dfrac{z_w^{*2}}{\gamma^*}\sin\psi_p - \dfrac{z_w^*}{\gamma^*}P + 2\sum_{i=1}^{n}T_i^*\cos\alpha_i\right]\tan\varphi}{(1 \pm k_v)Q\dfrac{\sin(\theta + \psi_p)}{\cos\theta} + \dfrac{z_w^{*2}}{\gamma^*}\cos\psi_p - 2\sum_{i=1}^{n}T_i^*\sin\alpha_i}$$

将边坡体进行水平分层，依据集中质量法给出了考虑加速度放大效应的水平向地震作用下锚索自由段轴力的地震响应计算方法。

2. 展望

预应力锚索框架梁加固边坡的静力及动力方面的研究是一个复杂的岩土工程课题，涉及因素较多、关系复杂。本书只是结合震害调查、拉拔试验、离心机模型试验、振动台模型试验及数值分析手段对锚固体系、框架梁、边坡体三者的变形规律、动态响应特征等做了一些初步性的探讨。在此基础上，对预应力锚索框架梁的设计方法提出了建议，但仍有许多问题尚未解决。主要有以下几种。

(1)动力荷载作用下锚固体系的破坏模式为筋材的拔出破坏，而现阶段对静力条件下锚固体系的机理研究较多，成果显示主要破坏形式为岩体-灌浆体界面间的破坏，这说明重复荷载可能会影响到锚固体系的破坏形式，但还需要对此种破坏形式做进一步研究。

(2) 预应力锚索框架梁加固边坡的抗震机理有待更进一步的研究。本书仍采用拟静力方法对边坡稳定性系数进行计算，其适用范围及合理性有待进一步验证，按位移控制原则进行锚索框架梁的抗震设计可以成为下阶段的研究工作重点。

(3) 框架梁在动力条件下的受力分布特性有待研究，后续将进一步开展模拟原场地地应力条件下地震荷载时的加固边坡体动力响应特性。

参 考 文 献

［1］Lutz L，Gergeley P. 1967. Mechanics of band and slip of deformed bars in concrete[J]. Journal of American Concrete Institute，64(11)：711-721.

［2］Hansor N W. 1969. Influence of surface roughness of prestressing strand on band performance [J]. Journal of Prestressed Concrete Institute，14(1)：32-45.

［3］Yukimasa G. 1971. Cracks formed in concrete around deformed tension bars [J]. Journal of American Concrete Institute，68(4)：243-251.

［4］Phillips S H E. 1970. Factors affecting the design of anchorages in rock[R]. London：Cementation Research Ltd.

［5］Martin L B，2011. Michel Tijani，Faouzi Hadj-Hassen. A new analytical solution to the mechanical behaviour of fully grouted rockbolts subjected to pullout tests[J]. Construction and Building Materials，25(2)：749-755.

［6］尤春安. 2000. 全长粘结式锚杆的受力分析[J]. 岩石力学与工程学报，19(3)：339-341.

［7］蒋忠信. 2001. 拉力型锚索锚固段剪应力分布的高斯曲线模式[J]. 岩土工程学报，23(6)：696-699.

［8］李铀，白世伟，方昭苑，等. 2003. 预应力锚索锚固体破坏与锚固力传递模式研究[J].岩石力学与工程学报，24(5)：655-690.

［9］肖世国，周德培. 2004. 非全长粘结型锚索锚固长度的一种确定方法[J]. 岩石力学与工程学报，23(9)：1530-1534.

［10］Wu Z M，Yang S T，Hu X Z，et al. 2007. Analytical method for pullout of anchor from anchor-morta-concrete anchorage system due to shear failure of morta[J]. Journal of Engineering Mechanics，133(12)：1352-1369.

［11］Yang S T，Wu Z M，et al. 2008. Theoretical analysis on pullout of anchor from anchor mortar concrete anchorage system[J]. Engineering Fracture Mechanics，75(5)：961-985.

［12］Wu Z M，Yang S T，Zheng J J，et al. 2010. Analytical solution for the pullout response of FRP rods embedded in steel tubers filled with cement grout [J]. Material and Structures，43(5)：597-609.

［13］邓宗伟，冷伍明，部金锋，等.2011. 预应力锚索荷载传递与锚固效应计算[J]. 中南大学学报(自然科学版)，42(2)：501-507.

［14］陈祖煜. 2003. 土质边坡稳定分析—原理·方法·程序[M]. 北京：中国水利水电出版社.

［15］Fellenius W. 1936.Calculation of the stability of earth dams[J]. Proceeding of the Second Congress on Large Dams，4：445-463.

［16］Bishop A W. 1955. The use of the slip circle in the stability analysis of earth slopes[J]. Geotechnique，5(1)：7-17.

［17］Janbu N. 1956. Soil mechanics applied to some engineering problems[J]. Norwegian Geotechnicl Publication，16，Oslo，Norway.

［18］Sarma S K. 1979. Stability analysis of embankments and slopes[J]. Geotech. Engrg. ASCE，105(12)：1511-1524.

［19］郑颖人, 时卫民, 杨明成. 2004. 不平衡推力法与 Sarma 法的讨论[J]. 岩石力学与工程学报, 23(17): 3030-3036.

［20］李海光. 2004. 新型支挡结构设计与工程实例[M]. 北京: 人民交通出版社.

［21］Kim J, Salgado R, Lee J, et al. 2002. stability analysis of complex soil slopes using limited analysis [J]. Journal of Geotechnical and Geoenvironimental Engineering, 128(7): 546-557.

［22］龙驭球. 1982. 弹性地基梁的计算[M]. 北京: 人民教育出版社.

［23］刘凤翰, 肖连. 2002. 分析倒梁法与静定分析法在计算基础梁中的运用[J]. 四川建筑科学研究, (02): 8-9.

［24］王全才, 李传珠, 赵肃菖. 1996. 黄土滑坡锚固技术研究[J]. 铁道工程学报, 50(2): 206-210.

［25］杨明, 胡厚田, 卢才金, 等. 2002. 路堑土质边坡加固中预应力锚索框架的内力计算[J]. 岩石力学与工程学报, 21(9): 1383-1386.

［26］肖世国, 周德培. 2002. 岩石高边坡一种预应力锚索框架型地梁的内力计算[J]. 岩土工程学报, 24(4): 479-482.

［27］宋从军, 周德培. 2004. 预应力锚索框架型地梁的内力计算[J]. 公路, (7): 76-80.

［28］许英姿, 唐辉明. 2002. 滑坡治理中预应力锚索格构梁受力分析[J]. 安全与环境工程, 9(3): 24-26.

［29］刘小丽, 张占民, 邓建辉. 2004. 边坡加固中预应力锚索框架地梁的杆系有限元分析[J]. 岩土力学, 25(7): 1027-1031.

［30］吴荣燕, 吕小平. 2003. 框架锚索中框架内力计算的差分法[J]. 四川建筑, 23(4): 55-56.

［31］田亚护, 刘建坤, 张玉芳. 2007. 预应力锚索框架内力计算的有限差分法[J]. 北京交通大学学报. 31(4): 22-25.

［32］赵明华, 张玲, 刘敦平. 2010. 考虑摩阻效应的弹性地基梁幂级数解[J]. 铁道报, 32(6): 72-77.

［33］周志刚. 2011. 预应力锚索格构梁加固边坡的优化设计及安全系数计算[D]. 杭州: 浙江大学.

［34］程传国. 2005. 预应力锚索框架内力计算及考虑摩擦力对其影响的研究[D]. 西安: 长安大学.

［35］崔奕, 姜忻良, 鲍鹏. 2003. 变基床系数弹性地基梁解法及其应用[J]. 岩土力学, 8: 565-567.

［36］董霞. 2007. 双参数弹性地基梁上预应力锚索地梁内力的计算[J]. 山西建筑, 9: 130~131.

［37］顾晓鲁. 2003. 地基与基础(3 版)[M]. 北京: 中国建筑工业出版社.

［38］铁道部第一勘测设计院. 1992. 铁路工程设计技术手册-路基(修订版)[M]. 北京: 中国铁道出版社.

［39］Zhao H F, Cook R D. 1983. Beam elements on two-parameter elastic foundations[J]. Journal of Engineering Mechanics, 109(6):1390-1402.

［40］Hetenyi M. 1971. Beams on Elastic Foundation[M]. Ann Arbor, Michigan: University of Michigan Press.

［41］何思明, 李新坡. 2006. 预应力锚杆作用机制研究[J]. 岩石力学与工程学报, 25(9): 1876-1880.

［42］Phillips S H E. 1970. Factor affecting the design of anchorages in rock[R]. London: Cementation Research Ltd.

［43］Wu Z M, Yang S T, Hu X Z, et al. 2007. Analytical method for pullout of anchor from anchor-mortar-concrete anchorage system due to shear failure of mortar[J]. Journal of Engineering Mechanics, ASCE, 133(12): 1352-1369.

［44］Blanco M L, Hadj-Hassen F, Tijani M. 2011. A new experimental and analytical study of fully grouted rockbolts[C]. Proceedings of the 45th US Rock Mechanics/Geomechanics Symposium. San Francisco: [s. n.], 1-70.

［45］Ren F F, Yang Z J, Chen J F, et al. 2010. An analytical analysis of the full-range behavior of grouted rockbolts based on a tri-linear bond-slip model[J]. Construction and Building Materials, 24(2): 361-370.

［46］尤春安, 战玉宝. 2005. 预应力锚索锚固段的应力分布规律及分析[J]. 岩石力学与工程学报, 24(6): 925-928.

［47］罗卫华，胡毅夫，张爱民. 2011. 预应力锚杆内锚固段锚固特性及参数影响分析[J]. 地下空间与工程学报，7(2)：269-275.

［48］尤春安，高明，张利民，等. 2004. 锚固体应力分布的试验研究[J]. 岩土力学，25(增)：63-66.

［49］尤春安，战玉宝. 2009. 预应力锚索锚固段界面滑移的细观力学分析[J]. 岩石力学与工程学报，28(10)：1976-1985.

［50］程良奎，张培文，王帆. 2015. 岩土锚固工程的若干力学概念问题[J]. 岩石力学与工程学报，34(4)：668-682.

［51］中国工程建设标准化协会. 2005. 岩土锚杆(索)技术规程(CECS 22：2005). 北京：中国计划出版社.

［52］易长平，卢文波. 2006. 爆破振动对砂浆锚杆的影响研究[J].岩土力学，27(8)：1312-1316.

［53］Ivanovic A，Neilson R D，Rodger A A. 2002. Influence of prestress on the dynamic response of ground anchorages[J]. Journal of Geotechnical and Geo-environmental Engineering，128(3)：237-249.

［54］Starkey A，Ivanovid A，Rodger A A，et al. 2003. Condition Monitoring of Ground Anchorages by Dynamic Impulses：GRANIT System[J]. Meccanica，38(2)：265-282.

［55］Ivanovic A，Starkey A，Neilson R D，et al. 2003. The influence of load on the frequency response of rock bolt anchorage[J]. Advances in Engineering Software，34(11)：697-705.

［56］Ivanovic A，Neilson R D. 2008. Influence of geometry and material properties on the axial vibration of a rock bolt[J]. International Journal of Rock Mechanics and Mining Sciences，45(6)：941-951.

［57］张永兴，陈建功. 2007. 锚杆-围岩结构系统低应变动力响应理论与应用研究[J]. 岩石力学与工程学报，26(9)：1758-1766.

［58］周德培，张建经，汤涌. 2010. 汶川地震中道路边坡工程震害分析[J]. 岩石力学与工程学报，29(3)：565-576.

［59］庄卫林，陈乐生，等. 2013. 汶川地震公路震害调查[M]. 北京：人民交通出版社.

［60］叶海林，郑颖人，李安洪，等. 2012. 地震作用下边坡预应力锚索振动台试验研究[J]. 岩石力学与工程学报，5：2847-2854.

［61］言志信，张森，张学东，等. 2011. 顺层岩质边坡地震动力响应及地震动参数影响研究[J]. 岩石力学与工程学报，30：3522-3528.

［62］彭宁波，言志信，刘子振，等. 2012. 地震作用下锚固边坡稳定性数值分析[J]. 工程地质学报，20(1)：44-50.

［63］言志信，曹小红，张刘平，等. 2011. 地震作用下黄土边坡动力响应数值分析[J]. 岩土力学，8：610-614.

［64］言志信，刘灿，彭宁波，等. 2015. 交通荷载作用下锚固公路边坡动力响应[J]. 长安大学学报，1(1)：61-67.

［65］雏亿平，史盛，言志信. 2015. 抗拔荷载作用下锚固体与岩土体界面剪切作用[J]. 煤炭学报，1(1)：58-64.

［66］言志信，张刘平，红平，等. 2014. 锚固上覆红黏土岩体边坡的地震动力响应[J]. 岩土力学，35(3)：753-758.

［67］战玉宝，毕宜可，尤春安，等. 2007. 预应力锚索锚固段应力分布影响因素分析[J]. 土木工程学报，40(6)：49-53.

［68］张季如，唐保付. 2002. 锚杆荷载传递机理分析的双曲函数模型[J]. 岩土工程学报，24(2)：188-192.

［69］Choudhury D，Singh S. 2006. New approach for estimation of static and seismic active earth pressure [J]. Geotechnical and Geological Engineering，24(1)：117-127.

［70］LanZoni L，Radi E，Tralli A. 2007. On the seismic response of a flexible wall retaining a viscous poroelastic soil [J]. Soil Dynamics and Earthquake Engineering，27(9)：818-842.

［71］ Vieira C S，Lurdes Lopes M，Caldeira L M. 2011. Earth pressure coefficients for design of geo- synthetic reinforced soil structures [J]. Geotextiles and Geomembranes，29（5）：491-501.

［72］ Michalowski R L. 1998. Soil reinforcement for seismic design of geotechnical structures [J]. Computers and Geotechnics，23（1-2）：1-17.

［73］ Michalowski R L，You L Z. 2000. Displacements of reinforced slopes subjected to seismic loads [J]. Journal of Geotechnical and Geoenvironmental Engineering，ASCE，126（8）：685-694.

［74］ Ausilio E，Conte E，Dente G. 2000. Seismic stability analysis of reinforced slopes [J]. Soil Dynamics and Earthquake Engineering，19（3）：159-172.

［75］ Trandafir A C，Kamait，Sidle R C. 2009. Earthquake-induced displacements of gravity retaining walls and anchor-reinforced slopes [J]. Soil Dynamics and Earthquake Engineering，29（3）：428-437.

［76］ Ling H I，Leshchinsky D. 2005. Failure analysis of modular-block reinforced-soil walls during earthquakes [J]. Journal of Performance of Constructed Facilities，ASCE，19（2）：117-123.

［77］ Steedman R S，Zeng X. 1990. The influence of phase on the calculation of pseudo-static earth pressure on a retaining wall [J]. Geotechnique，40（1）：103-112.

［78］ Gazetas G，Psarropoulos P N，Anastasopoulos I，et al. 2004. Seismic behaviour of flexible retaining systems subjected to short-duration moderately strong excitation [J]. Soil Dynamics and Earthquake Engineering，24（7）：537-550.

［79］ Psarropoulos P N，Klonaris G，Gazetas G. 2005. Seismic earth pressures on rigid and flexible retaining walls [J]. Soil Dynamics and Earthquake Engineering，25（7-10）：795-809.

［80］ Zhang C S，Zou D H，Madenga V. 2006. Numerical simulation of wave propagation in grouted rock bolts and the effects of mesh density and wave frequency [J]. International Journal of Rock Mechanics and Mining Sciences，43（4）：634-639.

［81］ Ling H L Liu H，Kaliakin V N，et al. 2004. Analyzing dynamic behavior of geosynthetic-reinforced soil retaining walls [J]. Journal of Engineering Mechanics，ASCE，130（8）：911-920.

［82］ Stamatopoulosa C A，Bassanoua M，Brennan A J，et al. 2007. Mitigation of the seismic motion near the edge of cliff-type topographies [J]. Soil Dynamics and Earthquake Engineering，27（12）：1082-1100.

［83］ Stamatopoulosa C A，Bassanoua M. 2009. Mitigation of the seismic motion near the edge of cliff-type topographies using anchors and piles[J]. Bull Earthquake Engineering，7（1）：221-253.

［84］ Jamshidi R，Towhata L Ghiassian H，et al. 2010. Experimental evaluation of dynamic deformation characteristics of sheet pile retaining walls with fiber reinforced back fill [J]. Soil Dynamics and Earthquake Engineering，30（6）：438-446.

［85］ 李广信. 2004. 高等土力学[M]. 北京：清华大学出版社.

［86］ 王根龙，伍法权，祁生文，等. 2007. 加锚岩质边坡稳定性评价的极限分析上限法研究[J]. 岩石力学与工程学报，26（12）：2556-2563.

［87］ 王根龙，张军慧，李巨文，等. 2009. 公路岩质边坡稳定性评价的能量法研究[J]. 公路交通科技，26（12）：1-6.

[88] 王根龙, 伍法权. 2011. 平面滑动型岩质边坡稳定性极限分析上限法[J]. 工程地质学报, 19(2): 176-180.

[89] 罗强, 李亮. 2010. 水力和超载条件下锚固岩石边坡动态稳定性拟静力分析[J]. 岩土力学, 31(11): 3585-3593.

[90] 林永亮, 张孟喜, 李新星. 2011. 复杂条件下多向锚固岩石边坡稳定性拟静力分析[J]. 煤炭学报, 36(增2): 254-258.

[91] 叶海林, 郑颖人, 黄润秋, 等. 2010. 锚杆支护岩质边坡地震动力响应分析[J]. 后勤工程学院学报, 26(4): 1-7.

[92] 叶海林, 黄润秋, 郑颖人, 等. 2010. 岩质边坡锚杆支护参数地震敏感性分析[J]. 岩土工程学报, 32(9): 1374-1379.

[93] 叶海林, 郑颖人, 黄润秋, 等. 2010. 强度折减动力分析法在滑坡抗滑桩抗震设计中的应用研究[J]. 岩土力学, 31(增1): 317-323.

[94] 董建华, 朱彦鹏. 2008. 框架锚杆支护边坡地震响应分析[J]. 兰州理工大学学报, 34(2): 118-124.

[95] 董建华, 朱彦鹏. 2008. 地震作用下土钉支护边坡动力分析[J]. 重庆建筑大学学报, 30(6): 90-95.

[96] 董建华, 朱彦鹏. 2009. 地震作用下土钉支护边坡稳定性计算方法[J]. 振动与冲击, 28(3): 119-124.

[97] 朱彦鹏, 董建华. 2010. 土钉支护边坡动力模型的建立及地震响应分析[J]. 岩土力学, 31(4): 1013-1023.

[98] 艾畅, 冯春, 李世海, 等. 2010. 地震作用下顺层岩质边坡动力响应的试验研究[J]. 岩石力学与工程学报, 29(9): 1825-1832.

[99] 赵安平, 冯春, 李世海, 等. 2012. 地震力作用下基覆边坡模型试验研究[J]. 岩土力学, 32(2): 515-523.

[100] 叶海林, 郑颖人, 陆新, 等. 2011. 边坡锚杆地震动特性的振动台试验研究[J]. 土木工程学报, 44(增): 152-157.

[101] 文畅平, 杨果林. 2011. 地震作用下挡土墙位移模式的振动台试验研究[J]. 岩石力学与工程学报, 30(7): 1502-1512.

[102] 文畅平, 杨果林. 2011. 格构式框架护坡地震动位移模式的振动台试验研究[J]. 岩石力学与工程学报, 30(10): 2076-2083.

[103] 杨果林, 文畅平. 2012. 格构锚固边坡地震响应的振动台试验研究[J]. 中南大学学报(自然科学版), 43(4): 1482-1493.

[104] 文畅平, 杨果林. 2012. 重力式与格构式组合支挡结构位移和应变地震响应的振动台试验研究[J]. 振动与冲击, 31(24): 183-189, 196.

[105] 文畅平, 江学良, 杨果林, 等. 2013. 桩板墙地震动力特性的大型振动台模型试验研究. [J]. 岩石力学与工程学报, 32(5): 976-985.

[106] 铁道第一勘察设计院. 2006. 铁路工程抗震设计规范[S]. 北京: 中国计划出版社.

[107] 中国科学院工程力学研究所. 1979. 海城地震震害[M]. 北京: 地震出版社.

[108] 刘恢先. 1986. 唐山大地震震害[M]. 北京: 地震出版社.

[109] Keefer K D. 2000. Statistical analysis of an earthquake-induce landslide distribution-the 1989 Loma Prieta [J]. California event, Engineering Geology, 58(3-4): 231-249.

[110] Rodriguez E C, Bommer J J, Chandler J R. 1999. Earthquake-induced landslides: 1980-1997[J]. Soil Dynamics and Earthquake Engineering, 18: 325-346.

［111］National Institute of Standards and Technology. 1996. Performance of Structures，Lifelines， and Fire Protection Systems. The January 17，1995 Hyogoken-Nanbu（Kobe）Earthquake：ICSSC. TR18 [R]. Washington，DC.：Unite States Department of Commerce Technology Administration.

［112］中国国家地震局. 1995. 日本阪神大地震考察[R]. 北京：地震出版社.

［113］Koseki J，Tatsuoka F，Munaf Y，et al. 1998. A modified procedure to evaluate active earth pressure at high seismic loads[J]. Soils and Foundations，Special Issue on Geotechnical Aspects of the January 17 1995 Hyogoken-Nambu Earthquake，2：209-216.

［114］Ling H I. 2001. Post-Earthquake Investigation of Several Geosynthetic Reinforced Soil Retaining Walls and Slopes during Ji-Ji Earthquake of Taiwan [J]. Soil Dynamics and Earthquake Engineering，21：297-313.

［115］贾兴利. 2013. 高烈度地震峡谷区公路选线理论与方法研究[D]. 西安：长安大学.

［116］甘善杰，刘永平，彭炳芬. 2008. 公路路基工程震害调查及对现行抗震设计规范的思考[C]. 北京：中国铁道学会.

［117］冯俊德，姚令侃，王智猛. 2009. 强震区路基工程震害模式与分析[C]. 北京：科学出版社.

［118］姚令侃. 2009. 汶川地震路基震害分析及对抗震规范改进的启示[J]. 西南交通大学学报，44（3）：301-311.

［119］廖燚. 2012. 汶川地震公路路基震害调查分析及易损性研究[D]. 成都：西南交通大学.

［120］刘德功. 2011. 高烈度地震区高陡边坡支挡结构[D]. 重庆：重庆交通大学.

［121］宋志坚. 2011. 强震条件下岩质路堑边坡与预应力锚索结构的动力相互作用机制研究[D]. 成都：西南交通大学.

［122］陈育民，刘汉龙. 2009. FLAC/FLAC3D 基础与工程实例[M]. 北京：中国水利水电出版社.

［123］Bathe K J，Wilson E L. 1976. numerical methods in finite element analysis [J]. Englewood Cliffs，New Jersey：Prentice-Hall Inc，6-12.

［124］Biggs J M，Testa B. 1964. Introduction to Structural Dynamics [M]. New York：McGraw-Hill.